KB218142

너의 손을
놓지 않을
게

비로자나국제선원 자우스님의
통통 튀는 전법일기

자우

너의 손을
놓지 않을
게

샤쿠

세상의
모든 인연들이
행복하길 바라며

부처님 품 안에 들어온 지 30년이라는 시간을 돌아보면 참으로 아름답고 뭉클한 순간들이 많았다. 가끔 생각해 본다 '내가 출가를 하지 않았다면 이렇게 다이나믹하고 멋진 삶을 살 수 있었을까?'

전생의 인연이었는지 귀한 선지식들을 만나 생각지도 못했던 출가를 하게 되고 조금은 우직하게 공부의 길을 가다가 포교의 현장으로 들어선 지 벌써 20년의 시간이 흘렀다. 도심 포교당에서의 하루하루는 날마다 새로운 도전의 연속이었다. 고요한 산중에서는 전혀 몰랐던 세상사를 온몸으로 겪으면서 나는 어느새 불법을 외호하고 전법하는 씩씩한 전사가 되어갔다.

지난 2006년, '불교의 세계화'와 '불교인재 양성'을 간절히 발원하며 비로자나국제선원을 개원했다. 참선과 영어를 접목한 프로그램인 어린이 영어담마스쿨, 영어담마캠프, 영어참선법회 등으로 외국인과 어린이 청소년의 불교적 인성 개발에 힘썼고, 비구니스님들의 불편한 수행 환경을 돕고자 나란다수행관을 개관했다. 최근에는 동남아 불교국가 캄보디아에 초등학교를 설립함으로써 기본교육을 받기도 어려웠던 어린이들에게 꿈과 희망을 선물하기도 했다.

어떻게 하면 사람들에게 행복과 맑은 고요를 전할 수 있을까, 어떻게 하면 미래의 새싹인 어린아이들을 지혜로운 사람으로 성장하게 할 수 있을까. 이것이 나에겐 늘 화두였다. 그렇게 절실한 삶의 현장에서 마주치는 고뇌와 환희심 그리고 세상에 대해 하염없이 솟구치던 가슴 벅찬 사랑을 통해 매일매일 조금씩 성장해온 나를 돌아보게 된다.

그동안 소중한 인연들의 손을 놓지 않고 함께 슬픔과 고통을 나누었던 마음을 담아 한 권의 책으로 엮었다. 수줍은 글이지만 나의 솔직한 경험을 나눔으로써 누군가에게는 삶을 돌아보는 기회가 되고 또 누군가는 출가의 길로 들어서서 이 시대의 부루나 존자가 되어주길 간절히 바래본다.

　이 책이 나오기까지 많은 분들의 도움이 있었다. 지금의 나를 만들어준 고마운 인연들이다. 항상 든든한 버팀목이 되어주시는 은사이신 백홍암 선원장 영운스님과 올곧은 수행자의 정신을 심어주신 군위 법주사 회주 육문스님, 경학으로 신심을 키워주신 완주 안심사 일연스님, 출가의 인연을 맺어주신 열반하신 연등국제선원 원명스님과 스위스 법계사 무진스님, 언제나 나를 위해 기도해주시는 청주 안심사 도준스님, 깊은 화엄의 바다에 노닐게 해주신 수미정사 해주스님 등 모든 선지식들과 도반스님들의 은혜에 깊은 감사를 올린다.

　아무리 세월이 흘러도 나를 선재동자로 만들어주는 우리 꼬마부처님들에게도 고마움을 전한다. 그리고 무엇보다 살아있는 불교를 실현하는 일에 흔연히 마음을 모아주는 많은 불자님들은 나에게 최고의 신장님들이시다.

　부족한 글임에도 나의 원력에 무한 애정을 가지고 책을 성심껏 만들어주신 사유수출판사의 이미현 대표님께도 진심으로 감사드린다. '불교신문', '법보신문', '현대불교'에 글을 연재하는 기회가 있어서 다수의 원고를 책에 담을 수 있었다.

모두 고맙습니다.

부처님, 세세생생 부처님 법을 알아 지니겠습니다.

길에서 만나는 모든 부처님, 당신의 손을 놓지 않겠습니다.

2023년 좋은 날에
비로자나국제선원 자우 합장

자우스님을 떠올리면 '국제포교사회'를 창설한 원명스님과의 인연으로 인도네시아 자카르타에 문을 연 해인사포교원 첫 주지로서 의욕적으로 국제포교에 앞장서왔던 모습이 먼저 크게 다가옵니다. 그 후 비로자나국제선원을 개원하여 외국인과 학생들을 위한 법회 등 다양한 프로그램으로 도심 포교활동을 해왔습니다.

비구니스님들에게 편안한 수행처를 제공하기 위해 서울에 '나란다수행관'을 열어 운영하고 있으며, 어려운 코로나 시국에 캄보디아 아동들을 위해 학교를 건립하는 등 끝없는 보현행에 많은 감동을 받고 있습니다. 그저 부처님을 따라 할 뿐이라는 스님의 보살행이 이제 한 권의 책으로 출판된다니 반갑고 고맙기 그지없습니다.

_ **원택스님** 백련불교문화재단 이사장

뭇 생명을 향한 지극한 자비심이 가득합니다.

정진의 힘이 지구촌 어린이와 청소년들의 가슴 속에 한 송이 꽃으로 피어납니다.

맑고 향기로운 지혜와 따스하고 훈훈한 자비의 세계로 여러분을 초대합니다.

_미산스님 상도선원 선원장

지난 1999년 소납이 홍은동 언덕에 금장사를 세운 몇 년 뒤 맞
은편 무악재 고갯길에 자우스님은 비로자나국제선원을 개원했
습니다. 이후 오늘에 이르기까지 스님은 '국제선원', '영어담마
캠프', '공부하는 스님들 보살핌' 등 버거운 일들을 버겁지 않은
듯 굳세게 짊어지고 가고 있습니다.

이번에 출간한 〈너의 손을 놓지 않을게〉는 스님의 생생한 출가
이야기와 통통 튀는 포교 일화들이 책 읽는 즐거움과 감동을 선
물합니다. 만나는 인연마다 따뜻한 미소와 자비의 손을 내미는
자우스님의 이야기에 귀기울여보면 좋겠습니다.

_본각스님 전국비구니회 회장

마음 씀씀이가 고운 이를 보면 우린 '그 사람 마음결이 곱다'고 합
니다. 마음결, 숨결, 손결, 물결 무엇에나 '결'이라는 말이 들어가
면 감촉이 부드럽고 자연스럽게 흘러가는 것을 알 수 있습니다.

자우스님은 일상에서 만나는 모든 이와의 인연을 물결처럼 부
드럽게 이어가며 새가 깃털을 가다듬 듯 한 사람 한 사람과의
관계에 정성을 다합니다.
부처님 가사 자락의 결이 흘러내려 중생의 가슴에 가 닿듯, 이
책 또한 서로의 마음에 물결쳐 세상에 환한 빛을 전하기 바랍
니다.

_**정목스님** 인터넷 유나방송 대표

차례

향
기
로
운

＊

바
람
이
되
어

사랑해요

❋

꼬마 부처님

아름다운 ✿ 인연들

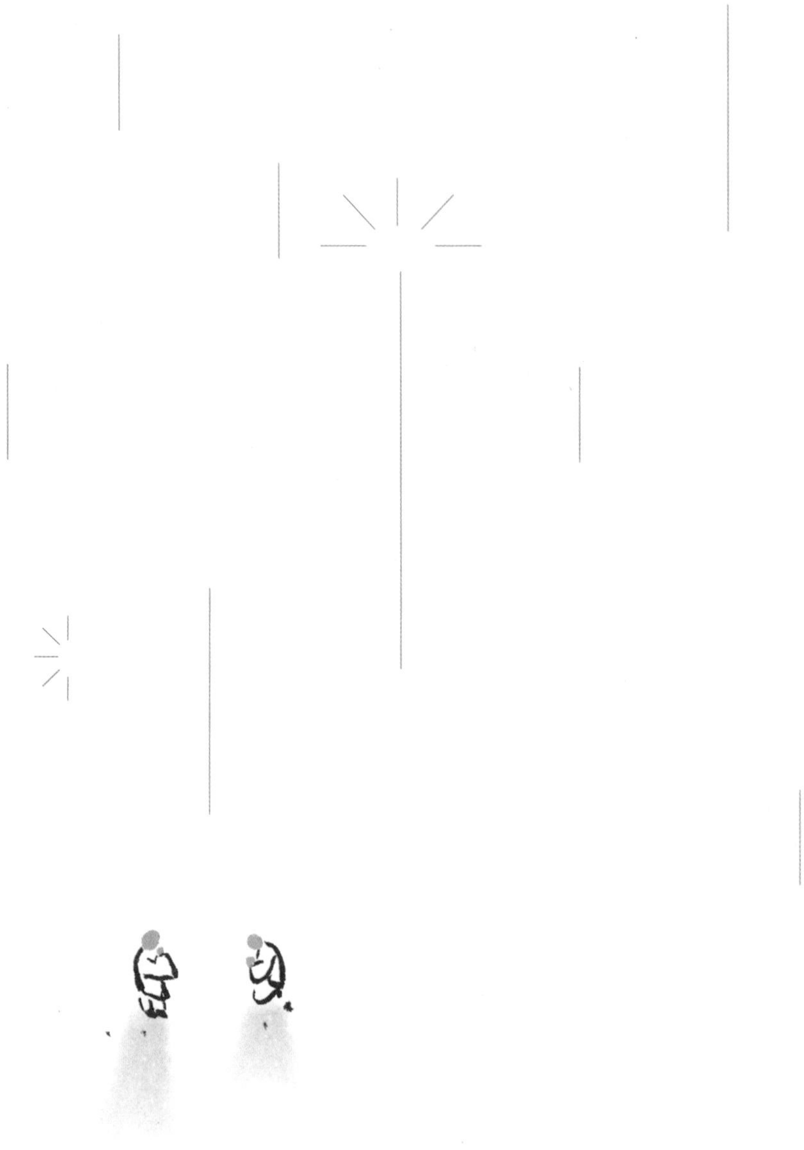

출가

아름다운 선택

어머니의
기도

나와 불교와의 인연은 어머니로부터 시작되었다. 어머니는 결혼하여 딸 다섯을 내리 낳으셨다. 할머니는 외아들인 아버지가 대를 못 이을까 노심초사하셨고 며느리가 딸만 낳는다며 심하게 구박하셨다. 어머니는 늘 자신이 죄인이라 여기며 힘들어하셨다. 그러던 어느 날 이웃집 아주머니가 본인이 다니는 절의 스님이 대단한 분이시라며 어머니 손을 잡아 끌었다.

반나절 꼬박 가파른 산길을 걸어올라 송학산 중턱에 있는 절에 도착하자마자 성미 급한 아주머니가 어머니 대신 스님께 여쭈었다.

"스님, 이 보살은요, 딸만 다섯을 낳았어요. 어떻게 하면 아들을 낳을 수 있을까요?"

스님은 한참동안 어머니를 조용히 쳐다보시고 말씀하셨다.

"부처님께 삼천배를 성심껏 올려보도록 하시지요. 부처님께서 감동하셔서 잠깐 돌아보시지는 않겠습니까."

스님의 말씀은 어머니에게 한 줄기 빛과 같았다. 다음날 이른 새벽부터 저녁 늦게까지 어머니는 삼천배를 하셨고 어머니의 정성에 부처님도 감응하셨는지 여섯째로 딸 하나를 더 낳고 마침내 일곱 번째는 아들을 낳았다. 부처님 가피가 분명한지 남동생은 사월초파일 부처님오신날에 태어났다.

이후로 어머니는 절에 열심히 다니셨다. 어머니는 집에 돌아와 스님께 들은 이야기를 곧잘 들려주시곤 했는데 우리 7남매는 설악산 오세암 동자 같은 슬픈 이야기를 들으면 함께 이불을 뒤집어 쓰고 울곤 했다. 지금 생각해보면 어머니 이야기의 대부분은 착하게 살면 좋은 과보를 받는다는 인과에 관한 것이었다. 그런데 가끔은 어린 우리가 이해하기 어려운 수수께끼 같은 내용도 있었다. 이를테면 다음과 같은 이야기다. "주둥이는 좁고 아래로 내려가면서 넓어지는 유리병이 있단다. 어떤 사람이 귀여운 새끼 오리를 병 속에 넣고 길렀어. 물도 주고 먹이도 주며 정성껏 기르다보니 오리가 자꾸 커져서 병 속을 가득 채우게 된 거야. 오리를 살리기 위해서는 밖으로 꺼내야 하는데 병을 깨트릴 수는 없어. 자! 어찌 하면 오리도 다치지 않고 병도 깨뜨리지 않고 안전하게 꺼낼 수 있을까?" 우리는 '예쁜 오리를 살려야 하는데……' 답답해하며 뒤척거리다가 잠들곤 했다.

그렇게 시간이 흐르면서 어머니는 절에서 필요로 하는 역할도 기꺼이 맡으셨다. 법회 때면 한 분 한 분 동네 사람들을 챙겨 함께 가셨고 무슨 일이든 솔선수범 하셨다. 집에서는 매일 새벽에 두 시간씩 능엄주 독송도 하셨다. 언젠가 이런 말씀을 하신 기억이 난다. "내가 부처님을 만났으니 요만큼이나마 마음 다스리며 살지 그렇지 않았다면 내 인생은 괴로움 투성이었을 거야. 그래도 부처님이 나를 사람으로 만들어 주셨어."

아무튼 우리 가족은 똘똘 뭉쳐 절에 다녔다. 1970년대만 해도 시골에서는 크리스마스 때나 일요일에 과자 먹으려고 교회 다니는 아이들이 많았다. 하지만 우리 7남매는 교회 문턱을 밟지 않았다. 살짝 누구라도 교회에 갈라치면 어떻게 눈치를 챘는지 "야, 명심해라. 우리는 부처님 제자야. 배신하면 안 돼." 하는 첫째 언니의 엄중한 경고가 들려왔다.

매년 초파일이 다가오면 어머니는 우리들을 올망졸망 데리고 절에 가셨다. 종무소와 후원을 오가며 일손을 놓지 않던 어머니는 저녁이 되자 우리에게 가족등에 켜진 초를 밤새 돌아가면서 지키게 했다. 촛불이 꺼지지 않아야 집에 좋은 일이 생긴다는 말씀도 빼놓지 않으셨다. 어린 마음에 혹시 촛불이 꺼지지나 않을까 노심초사 지키려 했지만 반나절 걸어 올라온 산행의 노곤함으로 어느새 나는 졸고 있다. 그러면 어디선가 어머니의 손길이 다가와 그만 방에 들어가 자라고 토닥여주었다.

깜깜한 산사의 밤을 형형색색의 빛으로 장식하던 연꽃등, 그 많은 등 가운데서도 우리 가족등은 유난히 빛났던 것 같다. 어머니는 가족등 앞에서 합장하고 자식들에 대한 소원을 하나하나 읊어 가며 부처님의 가피를 기원하셨다. 당시 어머니가 나에 대해 어떤 기도를 올리셨는지는 모른다. 하지만 밤 새워 기도하는 어머니의 모습을 보면서 나는 꼭 어머니의 기도에 미치는 사람이 되겠다고 마음 먹었다. 어쩌면 어머니의 간절한 기도가 오늘날 나를 출가하게 했는지도 모른다는 생각이 든다.

불법을 심어준
남화여 법사님

강원도 영월 시골 중학교에서 나를 아껴주셨던 담임선생님은 부모님께 아이가 공부를 잘하니 고등학교는 원주로 보내는 것이 좋겠다고 조언하셨다. 얼마 후 시험을 치르고 합격하여 혼자 원주에서 자취생활을 하게 되었다.

난생 처음 부모님을 떠나 생활하다 보니 혼자만의 생각에 빠져드는 시간이 많아졌다. '인생이 뭘까? 건널목에 서 있는 사람들은 왜 파란불에 건너고 빨간불에는 멈출까. 세상은 어떻게 돌아가고 있지? 사람은 왜 태어나서 어디로 가는 걸까?' 등 사춘기에 할 수 있는 상념에 골똘하게 빠지곤 했다.

그러던 어느 토요일 오후, 원주 시내를 걷다가 우연히 법응사 앞 고등부 법회 안내판이 눈에 들어왔다. 호기심에 무작정 들어갔다. 마침 마른 체구에 몸이 약간 불편해 보이는 법사님이 반야심경 강의를 하고 계셨다. 그 분은 색즉시공色卽是空에 대해 설명하다가 다음과 같이 질문하셨다.

"얘들아, 여기에 기왓장이 있고 도자기가 있어. 이 둘은 같을까? 다를까?"

나는 속으로 '당연히 다르지. 기왓장은 기왓장이고, 도자기는 도자기니까. 모양이 다른데 어떻게 같겠어?' 나를 포함한 대부분의 친구들은 다르다고 손을 들었다.

"아니야. 다르지 않고 같아. 기왓장과 도자기를 쪼개고 쪼개보면 결국 분자가 남는데 둘 다 흙으로 만들어졌기 때문에 그 분자는 같아."

'세상에~ 그렇네!'

순간 머릿속에 섬광이 비치며 나의 의식은 평등한 본질의 세계 속으로 들어갔다.

'와우~ 불교는 과학이네. 엄마랑 절에 갔을 때는 심심하고 지루했는데 불교가 이렇게 재미있다니!' 평소 과학을 좋아하는 나는 처음 알게 된 불교의 매력에 가슴이 두근거렸다. 그 뒤로 매주 토요일마다 법회에 나갔다. 법사님의 법문을 들으면 들을수록 부처님 가르침에 대한 확신과 자부심이 커져 갔다.

당시 공무원이면서 토요일마다 우리를 지도해주시던 남화여 법사님은 늘 포교의 중요성을 강조하셨다. 언젠가 법당에 친구들을 데려 오라고 포교주간도 만드셨다. 그래서 나 역시 쑥스러움을 무릅쓰고 아침조회 시간 전에 각 반을 돌면서 교단에 올라가 이야기했다.

"얘들아, 사람으로 태어나서 어떻게 살아야 잘 사는 건지에 대해 생각해본 적 있니? 인생에서 정말 중요한 이 문제를 해결하고 싶다면 같이 한번 공부해보자. 그러려면 우리 절로 와~"

친구들은 내 이야기를 관심 있게 들어주었다. 선생님이 들어오실까 눈치 봐가며 말할 때 쿵쾅거리던 나의 심장. 어디서 그런 용기가 나왔을까? 지금 생각해봐도 기특하다.

이후로 친구들은 불자로 소문난 내게 가끔 불교에 대해 궁금한 것이 있으면 물어보았다. 그러다가 나도 모르는 질문이 나오면 쉬는 시간을 이용해 교내 공중전화로 달려가 근무중인 법사님께 질문했다. 법사님은 이런 나를 기특해하셨는데 정작 나는 당연한 일을 했다고 여겼던 것 같다.

법사님을 따라 처음으로 참석했던 여름방학 수련회를 떠올리면 지금도 웃음이 난다. 법사님은 수련회 준비물로 숟가락, 젓가락과 함께 크기가 다른 그릇 4개를 가지고 오라 하셨다. '도대체 이걸로 뭘 한다는 거지?' 정말 궁금했다. 공양시간이 되자 그 궁금증이 풀렸다. 그것은 바로 휴대용 발우세트였던 것이다.

지금이야 사찰마다 템플스테이용 발우가 멋지게 구비되어 있지만 80년대에는 아주 귀했다. 우리들에게 발우공양을 가르쳐주시려고 기발한 아이디어를 내신 거였다. 각자 집에서 가지고 온 다양한 그릇에 밥, 국, 반찬을 담아 묵언으로 공양하고 그릇을 닦게 했던 법사님. 스님이 되어 처음 발우공양을 할 때 왠지 익숙한 느낌과 자신감은 모두 법사님 덕분이었다.

벌써 40년이란 시간이 훌쩍 지났지만 생생하게 기억나는 소중한 이름, 남화여 법사님! 법회 때마다 "고뇌하며 뜨겁게 살아라!"고 일러주신 말씀은 나로 하여금 진지하게 자신의 삶을 돌아볼 수 있게 해준 계기가 되었다.

어느 날 법문 중에 법사님이 단호한 어조로 말씀하셨다.

"한국불교는 고목나무다. 고목나무에는 새들이 오지 않아. 새들이 오게 하려면 어떻게 해야 할까? 얘들아, 지금부터 너희들은 불교를 젊게 만들어야겠다는 원력을 세워야 해."

그때 나는 마음속으로 결심했다. '언젠가 어른이 된다면 어린이를 위한 포교를 해야겠어. 그럼 한국불교가 젊어지겠지?' 빨리 시간이 흐르고 어른이 되길 바랐다. 돌이켜보면 법사님의 원력이 씨앗이 되어 지금까지 내가 어린이와 청소년 포교에 정성을 쏟고 있는 것이 아닐까 싶다.

출가의 인연을 맺어준
연등국제회관

원명스님과의 인연은 내 나이 스물넷 가을부터 시작되었다. 대학을 졸업하고 막 직장생활을 하고 있던 나는 평소 관심이 많았던 영어와 불교를 동시에 가르치는 곳이 있다기에 호기심을 갖고 종로구 소격동 연등국제회관을 찾았다. 마침 그 날이 창립기념법회 날이어서 외국인 스님들과 외국인, 한국인 불자들이 도량 곳곳에서 담소를 나누고 있었다. 나로서는 처음 보는 신기한 풍경이었다.

영국인 비구니 스님인 무진스님이 건네주신 차와 떡을 먹고 빈 접시를 갖다 놓으러 부엌에 들어갔다. 싱크대에는 설거지거리가 가득했는데 호주에서 오신 비구니 지광 스님이 혼자서 씻고 계셨다. 문득 어릴 때 다녔던 절 풍경이 떠올랐다. 어머니는 항상 절에 가면 설거지를 도맡아 하면서 말씀하셨다. "설거지를 하는 사람이 진짜 복을 지을 줄 아는 사람이야."

어느새 어머니 손을 닮은 나의 손이 설거지를 하기 시작했다. 산더미처럼 쌓여 있던 그릇들이 하나둘 깨끗이 정리되었다. 후에 무진스님께 들으니 그날 행사에 참석한 사람들 중 누구도 설거지를 하려는 사람이 없었는데 불쑥 찾아온 젊은 친구의 행동에 놀라셨다고 한다. 그래서 처음 방문한 나를 연등국제회관 주지이신 원명스님께 소개하셨다.

원명스님은 이 시대의 선지식 성철큰스님 상좌로 해인사에서 출가하셨다. 스님은 큰스님 문하에서 참선정진 하던 중 갑자기 화두가 사라지고 영어 단어가 계속 떠올랐다고 한다. 큰스님께 말씀드리니 흔연히 국제포교 할 것을 허락하셨다. 그 길로 스리랑카로 유학을 가셨고 거기서 영국인 무진스님을 만나 한국불교를 세계에 알리는 일에 뜻을 함께 하셨다.

스님은 귀국하여 종로구 소격동에 연등국제회관을 열고 본격적으로 국제포교를 시작하여 러시아, 싱가포르, 인도네시아 등지에 십여 개의 사찰을 개원했다. 나아가 세계 각국에서 출가한 외국인 상좌들의 안정적 수행을 위해 강화도에 연등국제선원을 건립하셨고 현재 대한불교조계종에서 진행하고 있는 국제포교사 교육제도를 최초로 만드신 분이다. 이 인연으로 이후 스님 하시는 일을 돕게 되었다. 하지만 그때까지만 해도 내가 이 분들을 통해 출가하게 될 줄은 상상하지 못했다.

얼마동안 나를 지켜보던 무진스님이 어느 날 뜬금없이 이런 제안을 하셨다.

"출가하는 것이 어때?"

"싫어요. 저는 일도 재미있고 결혼도 할 건데요. 출가를 왜 해요?"

대학에서 물리학을 전공하고 나름 촉망받는 컴퓨터 프로그래머로 일하고 있던 나는 선뜻 내키지 않았다.

내 말을 듣고 스님이 답답한 표정을 지으신다.

"결혼은 바보나 하는 거야. 너는 바보가 아닌 것 같은데 왜 결혼을 하려는 거지?"

헉! 처음 들어보는 말이다.

"그게 무슨 말씀이지요?"

"네 주변 사람들을 봐. 모두 자기 가족만을 위해 살잖아. 그런데 그런 가족 간의 사랑조차 영원하지 않아. 출가란 큰 가족을 위해서 사는 거지."

순간 머리를 크게 한 대 얻어맞은 기분이었다. 지금까지 누구도 나에게 이런 말을 한 사람은 없었다.

'정말 결혼은 바보가 하는 것일까?'

사람으로 태어나 제도 교육을 받고, 결혼하고 자식을 낳고 내 부모가 나에게 한 것처럼 사랑으로 아이들을 기르는 것, 그것이 당연하다고 생각했다. 그런데 다른 길이 있다고 한다. 나는 정신이 번쩍 들었다. 여태 너무나 당연하게 받아들였던 삶의 방식에 대해 다시 생각하기 시작했다.

수행자의
향기

비로소 출가를 진지하게 고민하게 된 나에게 어느 날 원명스님과 무진스님은 해인사 5박 6일 수련회에 가보라고 권유하셨다. 언제 준비하셨는지 회색 법복 한 벌을 내주시며 수련회 참가비는 알아서 해줄 테니 꼭 가라고 하셨다. 출발하는 날 원명스님이 "해인사 도착하면 원택스님을 만나라. 그리고 참가비는 외상이라고 해. 그러면 알아서 하실 거다." 하신다.

나는 해인사 주차장에 도착해서 절로 올라갔다. 어디서든 스님을 만나면 무조건 합장 반배하라는 말씀을 기억하며 올라가는데 웬 스님들이 그리도 많은지…….

해인사에 도착하니 마침 원택스님이 접수를 받고 계셨다. 나는 반가운 마음에 인사를 드리고 "스님께서 참가비는 외상이래요." 했더니 "자~알 알겠습니다." 하고 빙긋이 미소 지으며 답하셨다. '근데 원명스님께서는 외상값을 갚으셨을까? 아니면 내가

출가해서 중노릇 잘 하는 것으로 갚아나가게 두셨을까?'

원명스님은 국제포교에 헌신하시다가 2003년 열반하셨다. 당시 스님의 세납은 53세. 너무도 아까운 인재셨기에 다비장을 가득 채운 스님들과 불자들의 하염없이 쏟아지던 눈물이 지금도 생생히 기억난다. 원명스님의 환한 미소가 너무도 그립다.

그렇게 해인사수련회 3일째 되던 날이었다. 새벽안개가 조금씩 희미하게 걷히던 이른 시간 아침공양을 마치고 나오는데 멀리 뜰 바깥으로 원택스님이 보였다. 나는 합장 반배로 스님을 뵙는 반가움을 표했다. 그런데 반배를 마친 내가 몸을 일으키고 바라보니 스님은 여전히 허리를 숙인 채 반배를 하고 계신다. 민망하고 죄송스러운 마음이 들었다. 그때 문득 마음속에 의문이 생겼다. '스님은 어떻게 어린 나에게 이렇게 지극하게 합장을 하실까? 저런 여유와 고요함은 도대체 어디서 나오는 것일까?' 짧은 순간에 벌어진 일이었지만 나도 누구에게나 성스러운 합장이 절로 나오는 그런 삶을 살아보고 싶다는 생각이 불쑥 올라왔다.

이후 스님께서 서울 연등국제회관에 올라오신 적이 있었다. 조용한 틈을 타 스님께 여쭈었다.

"스님, 저 출가할까 하는데 출가에 대해 어떻게 생각하세요?"

그동안 만나는 스님들마다 출가는 멋진 일이라고 적극 추천하셨으니 스님도 당연히 그러시려니 했다. 스님은 잠시 생각에 잠기시더니 말씀하셨다. "비구니 스님들의 삶이 그리 녹녹치 않은데요…… 정말 할 수 있겠어요?"

의외의 답변이라 순간 놀랐다. 하지만 가치있는 일에는 철저한 자기극복의 힘이 수반되어야 한다는 염려와 당부가 스님의 말씀 속에서 전해졌다. 모든 일들이 그러하다. 아름다운 결과를 이루어내려면 부단한 노력과 실패를 딛고 일어서야 한다. 스님의 말씀을 들으며 나는 다시한번 마음의 심지를 견고하게 다질 수 있었다.

한 사람을 출가시키기 위해서는 많은 선지식들이 나타난다고 한다. 그것은 간절히 진리를 추구하고 있는 사람에게만 보이는 선지식일 수도 있다. 나로 하여금 출가의 마음을 갖도록 보리심의 씨앗을 심어 주고 공들여 싹을 틔워 준 것은 여러 수행자들의 힘이었다. 부족한 나에게 출가의 인연을 심어주신 모든 분들께 감사드린다.

출가를
결심하다

해인사 수련회를 다녀온 후로 '출가를 하면 좋겠다'는 마음이
들긴 했지만 여전히 속세의 인연에 얽혀 고민하는 날이 이어지
고 있었다.

　이런 나에게 평소 출가를 권하며 따뜻하게 대해주시던 원명
스님이 어느 날은 퉁명스럽게 "야, 내 생각에 너는 출가 못하겠
다. 매일 할까 말까 망설이는 걸 보니 복이 없네. 출가는 땅을
덮고 하늘을 덮고도 남는 복이 있어야 할 수 있는 건데 내가 보
기에 너는 복이 없는 것 같다. 그만 포기해라. 출가 못 한다." 하
신다.

　스님 말씀을 들으니 자존심이 팍 상하는 동시에 불쑥 올라오
는 것이 있었다.

　'흥, 스님이 모르시네. 내가 얼마나 복이 많은데. 복 많은 거
보여드리면 될 것 아니에요.'

스님은 포기하신 듯 더 이상 출가를 권유하지 않으신다. 그런데 이상한 것은 스님들이 조용하시니 내 마음이 분주해진다.

'이러다 정말 출가를 못하면 어쩌지? 한번 해보면 후회는 하지 않을 것 같은데…….'

나는 매일 생각에 생각을 거듭했다.

지금까지 부모님 말씀 거역한 적 없고 네 명의 동생들을 잘 돌보아 온 착한 딸이었기에 나의 출가가 가족의 평화를 깰 수도 있다는 부담감이 몰려온다. 또 한편으로 '이렇게 속세와 출가에 양다리를 걸치고 있다가는 십 년 후도 똑같겠지? 그 무엇도 되지 못하고 여전히 소중한 시간을 고민으로 보내고 있겠지? 얼마나 지칠까. 결단을 내리자! 기도를 해서 어느 길을 선택하든 더 이상의 에너지 소모는 그만하자!'

당시 가끔 회관에 오시는 도준스님으로부터 청주 안심사를 소개 받고 후회하지 않을 길을 결정하기 위해 일주일 기도에 들어갔다. 평소 백팔배도 잘 않던 나는 매일 이천 배를 하면서 지장정근과 지장경 독송을 했다.

갑자기 이천 배를 하니 저녁만 되면 무릎이 부어 걷기조차 힘들었다. 삼일째 되던 날 〈지장경〉을 읽고 있을 때였다. 지장보살님이 지옥에서 고통 받는 중생을 보고 '중생들의 고통을 제가 대신 받을 테니 저들의 고통을 잠시라도 쉬게 해주십시오.'라고 서원을 세우시는 대목에서 가슴이 뭉클해지며 갑자기 눈물이 펑펑 쏟아졌다.

'아, 나도 이런 사람이 되고 싶다. 어떻게 이런 서원을 세울 수 있을까? 사람들은 남들의 고통에는 관심이 없는데 그 고통을 대신 받겠다고 하다니…… 나 또한 그들의 고통을 쉬게 하는 길을 가고 싶다.'

한참을 울고 나니 가슴이 시원해졌다.

'이 길이야말로 내가 찾던 길이구나!'

세속의 삶은 늘 흔들림 속에 있었다. 나는 이제 더 이상 헐떡이지 않고 편안하게 숨쉴 수 있는 길을 찾은 것이다. 지금까지 이렇게 분명한 길을 본 적이 없다. 이 길은 목숨과도 바꿀 수 있는 길이라는 확신이 들었다.

다음날 당장 주지스님께 내려가겠다고 말씀드렸다. 그러자 스님이 나무라신다.

"이 사람아, 일주일 기도를 왔으면 마치고 가야지, 중간에 가는 경우가 어딨나?"

생각해 보니 그도 그렇다. 다시 법당으로 돌아가 4일 기도를 더해 마치고 집으로 돌아왔다.

자와 칼을 품고
백흥암으로

출가를 결심하자 속세의 하루하루가 무의미하게 느껴져 견딜 수가 없었다. 언젠가 무진스님과 들렀던 은해사 백흥암이 떠올라 전화를 걸었다. 대뜸 출가하러 가겠다고 하니 당시 입승이신 은사스님께서 걱정 어린 목소리로 대답하신다.

"우리 지금 불사 중인데요."

"괜찮아요!"

아무것도 모르는 나는 불사와 출가는 아무 상관 없는 것으로 보였기에 씩씩하게 대답했다. 나는 다시 물었다.

"스님! 출가할 때 무엇을 가져가야 하나요?"

"머리는 가능한 짧게 자르고 주민등록증만 가져오세요."

'그렇군. 필요한 것이 없네. 좋아. 그래도 출가를 하는데 이왕이면 머리는 잘 자르고 가야지.'

멋진 모습으로 출가하고 싶은 욕심에 가격은 비싸지만 커트를 제일 잘한다는 시청 근처 프레스센터 내 미용실로 설레는 마음으로 갔다. 긴머리를 세련되게 커트 하고 짐 정리를 했다.

제일 먼저 잘 드는 문구용 칼과 20cm 자를 챙겼다.

'스님의 삶은 반듯해야 해. 확실히 이 길은 내 취향과 맞아.'

평소 정확한 것을 좋아하는 성격이라 자와 칼이 없으면 마음이 편안하지 않기에 자와 칼을 단단히 챙겨 넣었다.

가족들이 모두 집을 나간 틈을 타 편지 한 장을 써 놓고 서울역으로 향했다. 그리고 기차를 탔다. 불심이 깊은 부모님이었지만 내심 든든하게 여기던 자식이 출가하는 것은 반대하셨다. 마음이 불편했지만 부처님을 생각하며 스스로 위안했다. '어쩔 수 없지 뭐. 석가모니 부처님도 아버지 정반왕의 반대에 부딪히자 한밤중에 성을 넘어 출가하셨잖아.'

동대구역에서 내린 후 은해사 백흥암으로 향했다. 내가 도착했을 때는 한창 저녁공양 준비 중이었다. 출가하러 왔다고 하니 어른 스님께 먼저 인사를 해야 한다며 데려간다. 인사를 받던 주지스님이 내 손을 보시고는 걱정스러운 듯 말씀하셨다.

"그런 고운 손으로 중노릇 하겠나? 일을 하나도 안 해본 것 같네."

'음. 손과 중노릇이 무슨 관계가 있다고 손 탓을 하실까.'

의문이 하나 더 보태졌다.

'참 이상하다. 한 분은 불사 중이라 걱정하시고, 한 분은 내 손 탓을 하시니 모를 일이네.'

원주스님을 따라 후원으로 갔다.

"새로운 행자님 왔어요."

다들 나를 보더니 반가움의 눈길을 준다. 그때 어떤 스님이 묻는다.

"행자님, 학교는 어디까지 나왔어요?"

나는 아무 생각 없이 말했다.

"대학교 졸업했는데요."

내 말이 떨어지자 스님들 얼굴에서 미소가 사라진다.

'헉, 스님은 대학 나오면 안 되는 건가?'

나의 행자 시절은 이렇게 의문투성이로 시작되었다.

좌충우돌
행자생활

공양주는 사찰에서 밥 짓는 소임을 맡은 사람이다. 당시 공양주 스님은 나보다 두 살이나 어리지만 1년 먼저 출가한 스님이었 다. 출가하면 속세의 나이는 상관이 없다. 무조건 먼저 출가한 사람이 형님이 된다. 그중 가장 무서운 사람은 바로 앞에 출가 한 스님이다.

나에게는 종두 소임이 맡겨졌다. 종두란 심부름하는 소임으 로 사중 일이 잘 돌아갈 수 있도록 이곳저곳을 살피고 돕는 역 할이다. 긴장되고 어설픈 모습으로 공양주스님에게로 갔다.

"스님, 뭐 도와드릴까요?"

"행자님, 채공간에 가서 차관 가지고 오세요."

'차관? 그것이 뭐지?'

생전 처음 들어보는 단어다.

"차관이 뭔데요?"

공양주스님은 답답하다는 듯 내 얼굴을 쳐다보고는 한마디 하신다.

"아니, 대학 나온 사람이 차관도 몰라요?"

'내참, 대학에서는 그런 거 안 가르쳐 주는데요.'

나는 속으로 중얼거린다. 절에서는 주전자를 차관이라고 한다.

또 어느 날은 "행자님. 차판 가져오세요." 한다.

'차판은 또 뭐지?'

차판은 쟁반으로 말하는데 이렇게 사찰에서는 종종 다른 용어를 쓴다. 출가 전 일머리가 있다는 말을 들어왔던 나는 억울했다. 가슴속에서 '화'라는 놈이 꿈틀꿈틀 올라온다. 누구든지 행자 기간에는 선배 스님들이 시험이라도 하듯 일을 많이 시키고 야단도 호되게 친다. 과연 스님 생활을 잘 할 수 있을지 굳건한 신심을 시험하고 망상이 들어올 틈을 주지 않기 위해서다. 내 속에서 일어나는 뜻밖의 감정과 만나니 정말 내가 얼마나 부족한 사람인지 비로소 알게 되었다. 놀라운 일이다. 스스로를 나름 괜찮은 사람이라 생각하고 있었는데 경책이 들어오면 단번에 '화'가 불쑥 올라온다.

'도대체 올라오는 이놈은 무엇일까?'

비로소 나의 화두가 시작되었다.

부처님과
거래하다

어느 날 원주스님이 넌지시 힌트를 준다.

"그래도 삭발하기 전에 절을 만 배는 해야 중노릇 하는 데 장애가 없을 텐데⋯⋯."

중노릇 잘 하고 싶은 욕심에 그 날 이후로 소임이 끝나자마자 법당에 가서 매일 천 배를 했다.

백흥암은 밤 9시면 법당 문을 걸어 잠근다. 비구니스님 사찰로 일반인의 출입을 금하는 유일한 사찰이기도 하다. 예전에는 누구나 들어올 수 있었는데 사람들이 시도 때도 없이 와서 함부로 종을 치고 시끄럽게 해서 스님들이 수행을 할 수 없었다고 한다. 급기야 주지스님께서 굶어 죽으면 죽었지 스님들의 참선 수행에 방해가 되면 안 된다며 문을 걸어 잠그셨다. 거기다가 귀중한 극락전 감로탱화와 영산전 동자들을 도둑맞았다. 그런 연유로 밤 9시가 넘어서 기도하려면 보화루 마루에서 법당

45

을 향해 마치지 못한 절을 해야 했다. 몸은 피곤했지만 간절함으로 일배 일배 절을 올렸다. 그러던 어느 날 부처님과 당돌한 거래를 시작했다.

'부처님! 제가 출가자로 잘 살아가기 위해 그간의 업장을 참회하고 있습니다. 한데 꼭 부탁드릴 것이 있습니다. 은사스님은 저와 인연이 깊고 저를 잘 이끌어 주실 분으로 해주시고요. 이왕이면 제 법명은 받침이 없는 것으로 해주세요. 외국인들은 받침이 있으면 부르기 힘들거든요. 세계의 모든 사람들이 편하게 부를 수 있는 이름이면 좋겠어요. 누구에게든 첫 만남부터 조금의 불편도 주지 않는 스님이고 싶습니다. 그렇게만 해주신다면 많은 사람들을 돕는 훌륭한 스님이 되도록 하겠습니다.'

정말 간절히 기도했다. 하지만 꽃향기와 함께 불어오는 밤바람은 자꾸만 나의 눈꺼풀을 무겁게 한다.

그 때 누군가 나를 흔든다.

"행자님, 여기서 자고 있으면 어떻게 해. 방에 들어가서 자요."

눈을 떠 보니 호선형님이다. 피곤함에 나도 모르게 절한 채로 잠이 들었던 것이다.

"아이고, 이 행자님 침까지 흘리고 잤네."

호선형님이 웃는다. 내가 출가해서 가장 좋아하는 사형님이다. 염불과 절 뿐만 아니라 무슨 일이든 기쁜 마음으로 열심히 하는 신심제일존자다.

"어떡해요. 아직 백 배 남았는데요."

절하다가 잔 것이 창피하기도 했지만 남은 절이 더 걱정되었다.

"괜찮아. 내일 더 하면 되지."

"그럼 내일은 천백 배를 해야 하잖아요. 그냥 마저 할래요."

"그래? 그럼, 내가 옆에서 지켜줄게."

출가해서 처음으로 느껴보는 따스함이다.

선방 지붕에
올라가다

행자의 하루는 눈코 뜰 새 없이 바쁘다. 도량의 모든 일을 쫓아다니며 궂은 일을 도맡아 한다. 이것은 세상의 가장 낮은 자리에서 온 세상을 품는 넓은 가슴을 만들기 위한 아주 특별한 교육 과정이다. 한마디로 모든 존재들을 부처님으로 섬기는 밑바탕을 만드는 중요한 시간이라 할 수 있다. 이 때 얼마나 기본을 잘 닦느냐에 따라 앞으로의 중노릇이 결정된다. 세상 사람들이 말하는 힘든 일은 다 한다. 청소하고, 밥 짓고, 반찬 만들고, 밭에 나가 땅 파고, 곡식 심고 거두는 일에 이르기까지. 다만 세상 사람들과 다른 점은 일한 보상을 돈으로 받지 않고 공덕과 수행으로 받는다는 것이다.

나의 행자 생활은 그야말로 서바이벌 게임과 같았다. 불사 중이라 새벽 3시에 눈을 뜨면 10시 잠들 때까지 기계처럼 움직였다. 공사비용을 아끼려고 웬만한 일들은 스님들이 직접 했는데 그 중 압권은 기왓장 나르기다. 기왓장을 실은 5톤 트럭이 도착하면 본격적으로 일이 시작된다. 입구에서 도량으로 스님들이 줄을 서서 기와를 던지면 배구공 받듯이 양손으로 받아야 한다. 정신을 바짝 차리지 않으면 무거운 기왓장이 떨어져 발을 다칠 수도 있는 위험한 일이다.

다음으로 선방채의 기와 가는 일이 기다리고 있었다.

"누가 지붕에 올라가서 처사님이 뜯어 주는 기와를 받아서 내려 주어야 하는데 누가 올라갈까?"

스님들이 의논을 한다. 결론은 가장 몸이 가벼운 행자가 올라가면 좋겠다는 건데, 바로 나다. '엄마야! 이 연약한 나더러 저 높은 지붕에 올라가라고?'

일단 스님들을 믿고 겁 없이 사다리를 타고 올라갔다. 그런데 지붕 꼭대기에 올라서니 다리가 떨려 한 발짝도 움직일 수 없다. 내가 절절매니 입승스님께서 말씀하신다.

"쟈 좀 봐라. 안되겠다. 그만 내려와라."

스님 말씀이 떨어지기 무섭게 얼른 내려왔다.

그래도 그때 깨달은 것이 있다. 수행자의 삶은 지붕에 올라가는 것처럼 한 걸음 한 걸음 조심해야 한다는 것이다. 서툰 한 걸음에 지붕에서 떨어질 수 있고, 떨어지면 크게 다치고, 원래대로 회복되기 어렵다.

네 이름은
자우다

출가한다고 머리를 바로 깎아주는 것은 아니다. 짧은 머리로 지내다가 출가자의 확신과 사중스님들의 확신이 생겼을 때 삭발식을 하는데 보통은 두 달 정도 걸린다. 사람들은 TV나 영화의 삭발 장면에서 주인공이 우는 모습을 보아서인지 삭발식을 눈물과 연관시킨다. 하지만 사실은 그렇지 않다. 나는 출가 이래 삭발할 때 우는 사람을 한 번도 본 적이 없다.

상쾌! 통쾌! 새로운 문이 열리는, 날아갈 것 같은, 겨드랑이에서 날개가 나올 것만 같은 설렘 그 자체다.

"아이쿠, 이 녀석은 묵은 중 같네."

이 말이야말로 행자들이 가장 듣고 싶어 하는 소리다.

먼저 두루마기 차림으로 극락전 부처님과 선방 달마조사께 삼배를 드리고 앉는다. 이때 선방 문을 열고 들어오시는 스님이 은사스님이 된다. 두근거리는 마음으로 누가 들어오실지 문을

응시하며 기다린다. 속으로 화통한 주지스님이 들어오시길 바랐다.

삐걱 소리와 함께 입승스님이 들어오셨다.

'부처님께서 알아서 하셨겠지.' 하고 부처님을 믿어 본다.

삭발식을 마치니 은사스님께서 "니 이름은 자우다." 하신다. 나는 이 말씀을 '좌우'로 알아 들었다. '음. 오른쪽, 왼쪽 보지 말고 앞으로만 쭉 가라는 의미인가 보다. 정진을 열심히 하라는 뜻이군.'

그런데 은사스님이 건네주시는 종이를 받아서 보니, '자우'다. 받침이 없는 이름이다. 나는 속으로 쾌재를 불렀다.

'오~ 부처님께서 내 부탁을 들어주셨다. 야호!' 너무 신났다.

부처님과의 첫 번째 약속은 이렇게 잘 성사되었다. 나는 하늘을 날아갈 것 같은 기분으로 각 전각을 돌며 인사를 드렸다.

"제가 드디어 삭발을 했습니다요. 잘 부탁드립니다. 열심히 살겠습니다."

팔공산 호랑이
육문스님

나의 영원한 백흥암 주지 육문스님은 별명이 팔공산 호랑이다. 워낙 성품이 칼칼하기로 유명하다. 거기다가 욕도 잘 하신다. 그런데 신기한 것은 그 욕이 거슬리기보다는 재미있다는 것이다. 우리들의 행동이 조금이라도 틀렸다 싶으면 그 즉시 불호령을 내리신다.

맨처음 놀란 것은 주지스님이 "야~" 하면 스님들이 이곳저곳에서 "네~" 하고 총알처럼 달려나간다는 것이다. 사형님들 말에 의하면, 예전에는 스님께서 부르시면 모두 일제히 스님 앞에 일렬로 서야 했고 하나, 둘 숫자까지 헤아리신 스님은 "00는 어디 갔나?" 일일이 확인하셨다고 한다. 대중생활에서 한순간도 마음을 함부로 쓰면 안 된다는 경책이었다.

스님의 카리스마는 누구도 따라갈 수 없다. 한번은 사형님 중 한 분이 뭔가 잘못해서 스님이 한 대 때리려 했는데 아 글쎄, 이

용감한 형님이 겁 없이 도망을 갔다. 스님은 포기하지 않고 따라가시고 형님은 계속 도망을 가면서 두 분이 도량에서 한동안 릴레이를 하셨다. 젊고 빠른 형님을 도저히 따라잡기 어려웠던 스님이 헉헉대며 말씀하셨다.

"야~ 경원아~ 한 대만 맞아주면 안 되겠니?"

"스님, 죄송하지만 안 되겠는데요."

형님은 다시 줄행랑을 친다.

마음이 급해지신 스님은 바로 옆 수곽에서 물 한바가지를 떠서 형님에게 뿌렸다. 그런데 이게 웬일! 재빠른 형님은 도망가고 뿌리고 남은 물이 스님 쪽으로 쏟아져 순간 물에 빠진 생쥐가 되셨다. 스님은 자신의 모습에 허허 웃으시며 "에이, 옷만 다 젖었네." 하고는 그날 상좌 때리는 것을 포기하셨다. 곁에서 지켜 본 우리는 애써 웃음을 참았다. 이렇게 한바탕 일을 치르면서도 원망보다는 스님의 염려와 사랑이 더 크게 느껴지는 것은 스님과 우리 사이에 깃든 깊은 신뢰 때문이라는 생각이 든다.

더위가 기승을 부리던 한여름 날이었다. 후원채가 불사 중이라 대중이 보화루에서 점심 공양을 하고 있었다. 어른스님들은 음식맛으로 반찬 만드는 채공의 마음을 귀신처럼 알아채시기에 채공과 공양주는 스님들이 공양하시는 동안 마음이 조마조

마하다. 아니나 다를까 공양을 마치자마자 주지스님께서 불호령이다.

"명찬이 너, 음식을 이런 식으로밖에 못해? 마음이 있는 거니 없는 거니? 이런 썩어빠진 정신으로 중노릇 할 거면 당장 짐 싸서 니네 집에 돌아가!"

숨소리도 들리지 않는 정적이 흐른다.

"예로부터 채공을 잘 살면 지혜가 생기고 공양주를 잘 살면 공덕이 쌓인다 했는데 이렇게 지혜 없이 음식을 해서 어떻게 중생구제를 하겠니? 대중스님들 입맛도 하나 못 맞추면서 무슨 중노릇을 어떻게 하겠다는 거야!"

'스님 참, 이상하시네. 이 정도면 먹을 만한데……'

식성 좋은 나는 이해할 수가 없었다. 나름 최선을 다했는데 야단을 맞은 명찬 형님은 기분이 좋지 않아 뾰로통해졌다. 이 모습을 보신 스님이 다시 다그치신다.

"명찬이 너, 뭘 잘했다고 입이 한발은 나오니? 그렇게 스님 말 안 들을 거면 당장 보따리 싸서 가. 당장!"

'정말 보따리 싸서 가야 하나? 어쩌지. 이렇게 형님은 쫓겨나는 건가?'

겁많은 나는 속으로 걱정이 태산이다.

"니가 나간다고 중이 씨가 마를 줄 아니? 착각이지. 나는 시원찮은 토끼는 원치 않아. 사자만 키울 거야. 될성 부르지 않는 나무는 기를 필요가 없어." 하시며 아예 형님을 잡고 일으킨다.

이때 명찬 형님이 일어나 나가는가 싶더니 갑자기 보화루 기둥을 부여잡는다. 그러고는 애원인지 다짐인지 모르는 말을 힘껏 외쳤다.

"스님, 저는 죽으면 죽었지 못 나갑니다."

그러자 주지스님이 비시식 웃으면서 말씀하신다.

"그래? 그럼. 어디 다시 잘 살아보든지."

이렇게 어른스님들은 수시로 우리의 신심이 견고한지를 시험하신다.

진짜 스님이
되는 날

출가한 행자는 최소 6개월 이상의 수련 기간이 끝나면 수계산
림受戒山林을 통해 10계를 받아야 스님이 된다. 수계산림은 조
계종 행자교육원에서 주관하는데 그 해에는 통도사에서 열렸
다. 백흥암 행자 4명은 두루마기를 입고 주지스님께 인사를 드
리러 갔다. 사찰에서는 출입 시 꼭 어른스님께 인사를 드려야
한다.

절을 하고 앉았다. 주지스님께서 말씀하셨다.

"그래, 잘 다녀와라."

이때 우리를 안내한 원주스님께서 난처해 한다.

"스님, 얘들 수계비를 내야 하는데 불사비로 다 써서 사중에
돈이 없어요. 스님이 주셔야 해요."

주지스님은 아무렇지도 않다는 듯 말씀하신다.

"그래? 나도 없는데, 어쩌냐. 그렇다고 수계산림에 안 보낼 수

는 없고, 설마 애들 쫓아내지는 않겠지. 외상이라고 해라. 나중에 준다고…….”

‘헉~ 이래도 되나? 계도 못 받고 쫓겨나면 어쩌지.’ 속으로 불안해 하고 있는데 주지스님이 뜬금없이 나를 지목하여 말씀하신다.

“그리고 자우, 너! 통도사 가면 절대 웃지 마라. 괜히 비구스님 앞에서 웃었다간 오해 받는다. 알았지?”

‘아니, 수계산림 가는데 뭐야. 수계비는 외상으로 하시고, 나더러 웃지도 말라니. 그럼, 인상만 쓰고 있어야 하나. 뭐가 뭔지모르겠다. 무슨 이유가 있겠지.’ 속으로 혼잣말 하며 대답했다.

“예, 스님!” 속으로 굳게 결심한다. ‘통도사에서는 웃으면 안돼!’

간단한 담요, 발우, 승복들을 넣으니 걸망이 북태산 만하다. 요즘은 행자가 귀하다 보니 수계산림이 열리는 사찰까지 사중 차로 데려다 주지만 당시만 해도 스스로 알아서 가야 했다. 우리는 길을 물어물어 버스로 통도사에 도착했다. 걸망의 무게에 양어깨가 뻐근하다. 그런데 세상에, 은사스님 자가용에서 내리는 행자들이 있다. ‘와~ 저 행자님들은 좋겠다. 무거운 걸망 안지고 와도 되고…….’ 이런 부러움도 잠시, 바로 입교 수속을 하고 본격적인 행자교육이 시작되었다.

수계산림은 새벽 3시부터 밤 10시까지 초심자로서의 기본예절, 부처님 생애, 염불 등을 배운다. 오후불식에다가 계속되는 강의, 일주문에서부터 보궁까지 삼보일배 그리고 마지막 날 삼천배 등 빡빡한 21일간의 일정을 소화하고 마지막으로 시험을 본다. 시험을 통과해야 수계를 받을 수 있다. 다행히 백흥암에서 온 행자들은 모두 무사히 통과했다.

수계식을 마치고 이제는 본사로 돌아갈 시간이다. 자가용을 대절한 은사스님들은 교육을 마친 상좌들을 기특해 하며 데리고 간다. 그러나 우리 백흥암 행자들은 다시 북태산 걸망을 지고 통도사에서 걸어 내려와 시외버스를 타고 본사로 향했다.

터미널에 내려 어른스님들께서 걱정하고 궁금해 하실 것 같아 전화를 걸기로 했다. 팔공산 호랑이 주지스님이 무서워 서로 미루다 결국 가위바위보를 했다. 아뿔싸! 내가 지고 말았다.

"스님, 자우입니다."

주지스님이 받으신다.

"그래. 왜?"

전화기 너머의 목소리는 건조하고도 싸늘하다. 떨리는 가슴을 쓸어내리며 말을 이었다.

"스님, 저희 지금 계 잘 받고 하양에 도착했고요. 곧 들어간다고 전화 드렸습니다."

이때 갑자기 언성을 높이신다.

"아니, 이것들이 정신이 있나 없나? 계 받은 게 뭐 대단하다고 전화질이야! 니들이 뭐 대단한 거라도 된 줄 아냐? 빨리 들어와." 하고 전화를 뚝 끊는다.

'헉~ 이것은 또 뭐지? 다른 은사스님들은 수계 받은 상좌가 예쁘고 기특하다며 난리인데 우리 주지스님은 도리어 언성을 높이시니…….'

내 얘기를 듣고 모두 어안이 벙벙한 표정들이다.

"역쉬~ 그럼 그렇지. 기대한 우리가 잘못이지. 가서 또 야단 맞으면 어쩌지?"

예상하지 못한 상황에 서둘러 본사로 돌아왔다.

수계 후 갓 스님이 된 우리는 가사 장삼을 여법하게 입고 마음 졸이면서 주지스님채로 갔다.

입승이신 은사스님이 환한 미소로 반겨주신다.

"아이고! 얘들 봐라. 진짜 스님 됐네."

그때 뒤에서 주지스님이 빙그레 웃으며 말씀하신다.

"그래, 수고했다."

'이것은 또 뭣인겨? 아까는 야단치시더니 지금은 기특하게 쳐다보시는 저 눈빛…….'

은사스님과
부지깽이

절집에는 공양간에 부지깽이를 해두면 행자가 들어온다는 말이 있다. 모든 막내들은 다음을 이어줄 행자를 기다린다. 그래야 자신의 소임을 물려 주고 다음 소임을 받을 수 있기 때문이다. 산에 가서 부지깽이를 해오는 것은 막내의 몫이다. 내 뒤로 많은 행자들이 다녀갔으나 정착하지 못했다. 스님 생활이 보기 좋아서 혹은 편할 것 같아서 출가한 경우는 견디지 못하고 속세로 돌아간다. 대부분 삭발 전에 돌아갔고 삭발하자마자 돌아간 사람도 있다. 새로운 행자가 들어오지 않으면 막내가 힘들다. 나야말로 오랫동안 힘든 시간을 보내고 있었다.

그러던 어느 날 공양간에 갔는데 튼실한 부지깽이들이 새롭게 눈에 들어왔다.

'묘한 일이네. 나도 모르게 누가 부지깽이를 해왔을까?'

의아해서 공양주스님에게 물었다.

"스님, 저 부지깽이는 누가 가져다 놓았어요?"

"알아맞춰 봐."

"글쎄요. 저는 아닌데요."

"스님 은사스님이 해오셨어. 얼마나 상좌를 사랑하시면 산에 가서 직접 해오셨을까?"

공양주스님이 크게 웃으신다.

사실 출가해서 사미니계를 받은 이후에도 은사스님과 제대로 이야기를 나눈 적이 없다. 대중에서는 하루 한 번 얼굴 뵙기도 힘들다. 그저 묵묵히 이겨내며 할 뿐이다. 다정한 말씀은 없으셨지만 은사스님께서 안타깝게 나를 살피고 계셨다는 것을 생각하니 마음이 훈훈해졌다. 그 후로 나는 스님께서 은근히 상좌들을 무섭게 가르치시려 한다는 것도 알게 되었다.

외출에서 돌아오신 스님이 방청소 시킨 형님에게 전화기 위의 먼지를 손끝으로 확인하며 크게 야단치시는 것을 우연히 보았다. 그것을 빌미로 평소의 부족함까지 한꺼번에 매섭게 경책하셨다. 이후 스님께서 나에게도 방청소를 시키셨는데 이번에도 전화기 위의 먼지를 확인하신다. 웬일로 먼지가 없자 다시 이곳저곳을 확인하신다.

나는 내심 미소를 짓는다. '스님, 그러실 줄 알고 제가 구석구석 대청소 했거든요.'

스님이 한마디 하신다.

"깨끗하네."

2003년 스리랑카 유학 중에 있었던 일이다. 스리랑카에 도착하여 잠시 머물던 불자님 집을 떠나 공부환경을 갖춘 조용한 집을 얻어 이사를 하고 은사스님께 전화를 드렸다. 사실 태어나 처음으로 해외유학이라는 것을 하면서 마음이 불안했다. 한 달 전 무사히 도착했음을 전화로 알려드렸으나 이국땅에 있는 상좌를 걱정하실 것 같은 은사스님이 떠올랐다. 계율에서도 거처를 옮기면 어른스님께 있는 곳을 정확히 알려야 한다. 마침 좋은 집과 좋은 주인을 만난 이야기도 해드리며 위로도 받고 싶은 마음에 전화기를 들었다.

따르릉~ 전화벨이 울리자 "여보세요?" 반가운 은사스님 목소리다.

"스님, 자우입니다."

나는 설렘으로 들떠 있었다.

그런데 나와는 다르게 스님은 다짜고짜 언성을 높이신다.

"야, 너는 스리랑카가 옆집인 줄 아나봐? 왜 이렇게 전화를 자주 해?" 호통을 치신다.

'헉! 이것은 무엇인가?'

"네. 제가 이사를 했어요." 보고하니 "그래?" 하신다.

"스님께 옮긴 곳 전화번호 가르쳐 드리려고요." 애써 서러움을 참으며 말씀드렸다.

그런데 다음 말씀이 더 나의 가슴을 아프게 한다. "내가 너한테 전화할 일이 있겠니? 그래 가르쳐 준다니 적어 두긴 하지. 어디 한번 불러 봐라." 하신다. 이렇게 전화번호를 불러 드리기는 했으나 스님이 너무 야속했다.

그 후로 나는 맏형님인 정호스님과 통화를 하게 되었고 은사스님에 대한 서운함을 토로했다. "자우스님! 우리 스님은 원래 그러셔. 그래도 너무하셨네." 언제나 내 편이 되어 주는 큰형님께 시원하게 은사스님 흉을 보고 나니 그나마 위로가 되었다.

그리고 한 달쯤 지났을까, 스님께서 아침 일찍 전화를 하셨다. 나는 스님 목소리를 듣는 순간 가슴이 쿵 내려앉았다. 소소한 일로 전화하실 분이 아니기에 '무슨 큰일이 생긴 것이 분명해.' 확신하며 불안한 마음으로 "스님, 무슨 일 있으세요?" 했더니 "아니. 그냥 너 잘 있냐고. 쓰나미 피해는 없니?" 하며 뜬금없는 말씀을 하신다. '아니, 쓰나미가 지나간 게 언제인데…….' 나는 답답하다는 듯이 "스님, 쓰나미는 한 달 전에 지나갔거든요." 했다. "그래?" 스님은 아주 담백하게 대답하신다. 아마도 큰형님이 나의 불만을 스님께 전한 눈치다.

평생 선방수좌로 살아오신 스님. 말 많은 것을 싫어하시는 성품이다. 그래도 스님의 전화를 받고 나니 웃음이 나온다. 아마도 나를 믿으셔서 하신 말씀이었는데 내가 상처 받았다 하니 미안하셨나 보다. 지금도 스님은 내가 안부전화라도 드리면 몇 마디 하시고는 "야! 그만 끊어라, 선방 들어가야 한다." 하신다.

나는 또 속으로 중얼거린다. '그렇잖아도 저도 끊으려고 했거든요…….'

스님의 정갈한 성품에 마음의 번거로움을 내려놓는다.

자연으로 사는
수행자의 삶

출가를 하면 신선처럼 살 것이라 생각하는 사람들이 있다. 맞다. 신선인 경우도 있다. 나는 비온 뒤 도량을 휘돌아 감는 잔잔한 물안개와 날이 걷히면서 건너편 산허리에 피어오르는 안개구름을 너무도 좋아한다. 여름 날 비온 뒤 아침공양을 마치고 설거지를 할 때쯤이면 풍경이 장관이다. 계를 받고 얼마 지나지 않았을 때 공양간 앞 수곽을 지나다 이 광경을 보고는 마치 내가 신선이 된 것 같아 정말 황홀했다.

'아, 마을에서 이 장면을 본다면 이곳에 신선이 산다고 생각하겠지.'

나는 자신이 구름 속 신선이나 된 듯 신이 나서 채공간으로 뛰어들어 스님들을 불렀다.

"스님, 스님, 빨리 나와 보세요. 빨리요."

다급하게 허둥대는 목소리로 부르자 스님들이 놀라며 모두

뛰쳐나온다.

"왜?"

"이것 좀 보세요. 너무 아름다워요! 우리가 신선이 되었어요."

나는 흥분된 목소리로 산등성이 사이로 피어오르는 물안개를 가리켰다.

그러자 형님들이 한심하다는 듯 꿀밤을 한 대씩 준다.

"아이구! 뭐 큰일이 난 줄 알았네. 깜짝 놀랐잖아. 우리는 이거 매일 보거든."

별일 아닌 일로 웬 호들갑이냐는 듯 힐끗 보고는 다들 들어간다.

'참, 이상하시네. 어떻게 이렇게 아름다운 광경을 보고 감동을 하지 않지?' 나는 고개를 갸우뚱거렸다.

점차 산중 생활이 이어지다보니 이런 아름다운 풍경은 말그대로 일상이다. 스스로 자연이 되어 사는 출가자의 삶, 참으로 좋다.

박진감 넘치는
채공 소임

채공은 삼시세끼 반찬을 맡아 하는 소임이다. 매 끼니 메뉴 결정은 물론 영양과 반찬의 색깔까지 고려해서 재료 준비를 손수 해야 한다. 당시 백흥암 대중이 오십 명이 넘어 두 명이 감당하기에는 역부족이라 늘 동동거렸다.

나는 공양 준비 할 때마다 '부디 이 음식을 드신 스님들이 꼭 지혜를 얻어 성불하게 하소서.' 발원했다. 또, 부처님께 유미죽을 올려 마침내 깨달음을 얻도록 도운 수자타의 공양을 부러워하며 '오늘 내가 올린 음식을 드시고 누군가 성불한다면 얼마나 좋을까?' 하고 정성을 쏟았다.

보통 채공 소임은 두 철인 6개월을 돌아가며 사는데 나만 유일하게 다섯 철을 살게 되었다. 그것도 한 철은 윤달까지 끼었다. 주지스님께서 마음이 쓰였는지 어느 날 후원까지 내려오셨다.

"자우야, 어쩌냐. 다음 철에도 네가 상채공을 또 살아야겠다."

미안해하시는 마음이 역력하다.

"네, 스님. 괜찮아요. 한 철 더 살지요."

스님께서 안도의 미소를 지으신다.

"그래. 니가 니 스님 상좌 할 만하다."

언젠가 선방 수좌로 수행만 하시던 은사스님에게 해제법문 후 성철 큰스님께서 말씀하셨다고 한다.

"영운아! 석남사에서 삼 년 공양주 살면서 복을 쌓아라. 그래야 앞으로 수행 중에 장애가 없다."

은사스님이 삼 년 동안 매일 천 배를 하면서 백 명이 넘는 석남사 대중 밥을 지었다는 이야기는 유명하다. 그때 밤마다 깨끗한 물에 목욕하는 꿈을 꾸셨다는 이야기를 은사스님께 들은 적도 있다.

이런 스님의 상좌답게 열심히 반찬을 만들었다. 그런데 설거지가 문제다. 오십 명이 넘는 스님들이 공양을 마치고 나면 설거지가 산더미처럼 쌓인다. 거기에다 음식 준비로 썼던 큰 그릇들까지 포함하면 어마어마하다. 그것을 상채공, 하채공 두 명이 해야 한다. 평소 꾀가 없는 나는 그저 묵묵히 할 뿐이다. 외워야하는 염불이 많기 때문에 마음이 그곳에 있다.

'빨리 설거지 하고 들어가서 공부해야지.'

"스님, 나 잠깐 해우소 다녀올게요."

하채공 스님이 내게 말한다.

"네. 그래요."

대답은 했지만 맘에 들지 않았다. '아이참, 왜 하필 이때 해우소를 간다는 거야.' 그러나 어쩌겠나? 자연이 부른다는데……'

그런데 설거지가 다 끝나가는데도 하채공 스님은 돌아 오지 않는다.

'이 스님이 배가 많이 아픈가?'

처음에는 걱정스런 마음이었는데 지나가던 스님의 말을 듣고서야 까닭을 알게 되었다.

"왜 혼자 설거지해? 하채공 스님은 저기 장독대에서 고양이랑 놀고 있던데."

평소 고양이를 너무도 좋아하던 스님은 시간이 가는지 오는지 걱정이 없다. 속으로 야속하긴 했지만 혼자서 묵묵히 설거지를 해놓았다.

'나 혼자 복 다 짓지 뭐.'

공양간 채공을 살면 망상이 끼어들 틈이 없을 정도로 일에 빠져 살게 된다. '오늘은 또 무슨 음식으로 스님들이 수행하시는데 도움이 되게 할까'라는 화두를 일 년 넘게 들다 보면 이제 야

채만 봐도 그냥 그림이 그려진다.

음식을 만드는 시간도 갈수록 짧아졌다. 예전에는 가스레인지를 한두 개 쓰면서도 허둥댔는데 이제는 무려 다섯 개로 동시에 음식을 만들 수 있다. 찌고, 끓이고, 볶고, 삶고, 튀기고를 동시에 한다. 거기에다 튀김솥은 공양간에서 30m 떨어진 장독대 밑 창고에 있다. 감자에 튀김옷을 입혀 기름솥에 넣고 달려 내려와 부엌에서 양배추를 찌면서 된장찌개를 끓이다 보면 기름솥의 감자가 다 익은 느낌이 '딱' 온다. 얼른 달려가 다시 감자를 넣고 달려와 끓고 있는 물에 고춧잎을 데치고 가지를 볶는다.

다섯 개의 레인지 불을 다 쓰는데 왜 이리 재미있는지, 마치 교향곡을 지휘하는 악단의 지휘자처럼 레인지에 올린 음식들의 상태가 정확히 파악된다. 이렇게 음식에 집중하는 훈련을 오래 하다 보니 어디에 있든 나의 상태가 그대로 알아차려진다. 참으로 신기한 일이다. 집중을 통해 망상은 사라지고 지혜가 생긴다는 소중한 진리를 깨닫게 되면서 채공 소임은 나의 수행에 큰 원동력이 되었다.

대방에서
쓰러지다

출가 본사에서 일 년 이상 소임을 살면 기본교육 기관에 가서 4년간 공부를 마쳐야 비구니계를 받을 수 있다. 교육기관으로는 전통강원, 중앙승가대학교, 동국대학교, 기초선원이 있다. 대부분의 은사스님들은 상좌들을 전통강원에 보내는 것을 선호하신다. 왜냐하면 부처님 경전과 조사어록 뿐만 아니라 대중생활을 제대로 익혀 몸과 마음이 스님다운 스님으로 거듭날 수 있기 때문이다. 한마디로 중물을 제대로 들일 수 있는 곳이다.

사미니스님이 공부하는 전통강원으로는 동학사, 운문사, 봉녕사, 청암사 강원이 있다. 나는 그 중 가장 유서 깊은 동학사 강원에 입학했다. 강원은 학인들이 배우고 있는 경전 이름을 따서 학년 이름을 부르는데 치문반, 사교반, 사집반, 화엄반이 있다. 당시 다른 반은 35명 정도 되었고 우리 일학년 치문반만 50명이었다.

치문반 때는 한문으로 된 내용을 모두 외워야 하는 것이 가장 힘들다. 이 과정은 수행자의 삶이 익숙하지 않은 초심자에게 한문으로 된 불경을 반복해서 읽고 외우게 함으로써 경전의 바다에 푹 빠져 물들게 하기 위함이다.

〈치문緇門〉은 수행자의 길, 수행방법과 지침, 깨달음의 가르침 등을 담고 있는데 나는 첫문장부터 가슴에 꽂혔다.

'盖衆生之根欲性(개중생지근욕성)이 殊(수)라 若一以論之(약일이론지)인댄 恐非得旨也(공비득지야)로다'(대개 중생의 根(능력), 欲(욕망), 性(성품)이 다른지라. 만약 하나로써 중생을 논할진댄 진정한 뜻을 얻지 못할까 염려하도다.)

모든 사람은 전생부터 지금까지 익혀온 습과 욕망에 따라 성품이 형성된다. 그것을 인정하지 못하기에 서로를 탓하고 원망하며 괴로운 나날들을 보내고 있는 것이다. 진정한 성품자리는 하나이지만 연緣에 따라 달리 나툴 뿐이다. 거리의 신호등을 보라. 전기라는 성품은 하나인데 작동에 따라 파란불이 되기도 하고 빨간불이 되기도 하는 것이다. 이처럼 사람마다 다른 생각, 행동, 말들 속에 내가 옳다고 할 것이 없다는 치문의 가르침은 초학자의 가슴을 시원하게 해주었다.

강원에서는 어제 배운 내용을 매일 강사스님 앞에서 모두가 외워야만 다음 진도가 나간다. 이것은 누구에게나 힘든 일이다. 나 역시 이를 악물고 열심히 했지만 결국 쓰러졌다. 병원에 갔더니 의사가 영양실조라고 한다. 도반과 소임자 스님들이 말도 안 된다고 웃는다. 사실 나는 130명 대중 속에서 밥을 가장 늦게까지 많이 먹는 사람으로 유명했기 때문이다. 결국 간병실로 보내졌다. 강원에서는 학인이 아프면 학업을 쉬게 하고 간병실로 보낸다. 그리고 그 학인을 간호할 사람을 자원 받는데 주로 친한 도반들이 한다.

경전 읽는 소리가 도량에 힘차게 울려 퍼지는데 누워 있으려니 서러움이 북받쳐 온다. 간병 도반은 수업에 들어가고 혼자 해우소를 가야 한다. 간신히 일어나니 여전히 어지럽다. 개울 건너에 있는 해우소가 너무도 멀게 느껴진다. 더듬더듬 손을 짚어 가면서 조심조심 발을 옮겼다. 대웅전 앞을 지나는데 부처님은 내가 아픈 것을 아시는지 모르시는지 그저 미소만 짓고 계신다. '부처님, 저 좀 낫게 해주세요. 앞으로 좋은 수행자가 되어 사람들을 이롭게 하겠습니다.' 눈물이 주르르 흘러내린다.

못난이
삼형제

우리가 어떻게 친해지게 되었는지 지금도 모르겠다. 하지만 나와 법열스님, 선문스님 셋은 우리 스스로 못난이 삼형제라고 불렀다. 왜냐하면 한 사람은 얼굴이 좀 산적 같고, 한 사람은 동진출가하여 세상물정에 어둡고, 마지막으로 셋 중 나이가 가장 많은 나는 계산없이 남의 궂은 일을 도맡아 하기 때문이다. 그러다가 도반 중 누가 아프다는 소식이라도 들리면 우리는 마징가 제트처럼 출동한다.

일단 내가 전기 쑥뜸기와 따주기 침을 챙기면 마음 따뜻한 간호사 법열스님은 휴지를 챙긴다. 아픈 도반의 손끝을 따주고 "간호원!" 하고 부르면 법열스님이 옆에서 재빨리 피를 닦아주니 다들 우스워 죽겠다는 표정들이다. 체하고 열이 나던 도반은 금세 혈색이 돌기 시작하면서 찬사를 보낸다. "고마워. 스님들은 정말 환상의 콤비야."

정의파이면서 엉뚱한 선문스님은 나설 일 안 나설 일 눈치 없이 관여한다. 선문스님의 비밀은 약간의 안면인식장애가 있다는 것이다. 몇 년 만에 만난 엄마를 몰라 본 이야기는 지금 생각해도 웃음이 난다. 출가 후 처음으로 어머니를 대전역에서 만나기로 했다고 한다. 씩씩한 스님은 어머니를 만난다는 설렘으로 약속 시간에 맞춰 대전역으로 갔다. 그런데 어머니가 안 계신다. '왜 아직 안 나오셨지? 이상하다.'

대전역을 몇 바퀴 도는데 어떤 아주머니가 "저기요 스님~" 하고 계속 따라온다.

'뭐야. 도대체 저 아줌마는 왜 자꾸 따라오는 거야. 이상한 사람 아니야?'

기분이 나빠진 스님이 뒤를 힐끔 보며 투덜거렸다. 그때 뒤에서 낯익은 목소리가 들린다.

"야!, 너는 엄마도 몰라보냐?"

아뿔싸! 뒤에서 따라오던 분은 엄마였던 것이다. 스님을 발견한 어머니가 반가워서 계속 따라가는데 스님이 몰라보자 "저기요 스님~" 하고 예의를 갖추어 불렀음에도 불구하고 몰라보니 결국 화가 나서 소리를 지른 것이다.

거기다 선문스님은 힘이 장사다. 어렸을 때부터 쌀 한 가마니는 거뜬히 들었다는 스님은 자신의 뜻을 관철하기 위해 종종 나를 괴롭혔다. 강주스님께 아쉬운 부탁이라도 드리려면 사무실 소임자인 내가 함께해야 일이 쉽다는 것을 눈치챘다.

"행님아, 한 번만 가주라. 행님아~"

덩치에 맞지 않게 애교를 부린다. 내가 끝까지 거절하면 이번에는 아예 협박을 한다.

"그럼 내가 강제로 납치한다~"하고는 다가와 내 몸을 번쩍 들고서 다른 스님들에게 다리를 한 쪽씩 들라 하고 강주스님 요사채인 화경원으로 마구 걸어간다.

나는 발버둥을 치고, 막내 법열스님은 내 신발을 들고 뒤뚱뒤뚱 따라온다.

'아이고, 내 팔자야.' 팔자타령까지 하지만 그 힘에는 당할 재간이 없다. 급기야 화경원 마루에 나를 내동댕이친다. 이때 방 안에서 강주스님의 목소리가 들린다.

"누구니?"

"네, 자우입니다."

강주스님이 미소지으며 나오신다.

"그래? 자우 왔어? 무슨 일인데?"

나의 악동 도반들은 언제 그랬냐는 듯이 옷매무새를 단정히 하고 아주 점잖고도 예의 있게 말한다.

"스님, 자우스님이 강주스님께 드릴 말씀이 있대요."

80

나는 하는 수없이 선문스님과 도반스님들의 요구 사항을 스님께 말씀드린다.

"그래, 자우가 그렇게 생각하면 그리 해라."

나를 무한히 지지해주시는 강주스님의 말씀에 도반들은 속으로 쾌재를 부른다. '앗싸! 통과!'

함께 울고 웃으며 강원 시절을 보낸 못난이 도반들은 지금도 늘 내 편이 되어 주는 나의 수호천사이다.

내 엉덩이를 보고 웃는
영산전 나한님

백흥암 영산전 나한님들은 영험하시기로 유명하다. 그래서 기도부전 소임은 누구나 탐내는 자리다. 어느 날 그 행운이 나에게도 찾아왔다. 학인으로 방학을 맞아 본사에 오니 영산전 부전 소임을 살라고 하신다. 이게 웬일! 너무도 신이 난다. 영산전 나한님들은 자그마하지만 모습들이 점잖으면서도 당당하고 사랑스럽기까지 하다. 이런 나한님들을 매일 볼 수 있다니 너무도 행복하다.

기도는 사분정근으로 하루 네 번 들어가고 한 번에 2시간씩 하루 8시간을 한다. 첫 번째 기도가 새벽 3시 30분부터 시작해서 네 번째 기도는 저녁 9시에나 끝난다. 새벽기도와 저녁기도는 유난히도 좋다. 아담한 영산전 전각 뒤 숲은 소나무 동산을 이루고, 신선한 공기와 하늘의 별빛이 어우러진 밤하늘의 풍경은 신비하기까지 하다.

저녁기도가 끝난 밤하늘에서 푸근하고 넉넉한 나한님의 자비를 느낄 수 있다. 그런데 오후 2시 기도는 참으로 힘들다. 점심공양 후 밭을 매거나 고추를 따다가 시간 맞추어 들어가면 피곤과 졸음이 친구하자고 마구 달려든다. 그 날도 나는 밀려오는 졸음과 씨름을 시작했다. 두 시간 기도 중 한 시간은 신묘장구대다라니를 21편 하고 한 시간은 정근을 한다. 한 시간은 그래도 앉아서 하니 참을 만한데 서서 해야 하는 정근 시간은 거의 죽음이다.

목탁을 들고 서서 큰 소리로 모든 나한님을 일컫는 '제대성중(모든 위대한 성스러운 나한님들)'을 부르며 집중한다. 나한님들의 지혜를 얻기를 바라며, 나한님들의 가피로 중생들의 모든 소원이 이루어지길 간절히 염원하며 계속 염불한다. 너무도 졸려서 몸을 조금씩 움직이며 목탁을 친다. 급기야는 졸음을 참을 수 없어 아예 눈을 감고 안간힘을 쓴다. 이렇게 한참을 씨름하다가 눈을 떴다. 그런데 이상한 현상이 생겼다. 내 눈 앞에 계셔야 할 열여섯 분의 나한님들이 사라진 것이다. 순간, 가슴이 철렁 내려앉는다. '아니 이 분들이 어딜 가셨나? 내 정성이 부족하여 사라지셨나?'

정신을 차리고 눈을 크게 떠보니 바로 눈 앞에 문살과 창호지 그리고 빛이 비치고 있다.

'아니, 이런! 내가 졸면서 몸을 조금씩 움직여 결국 출입문을 보고 기도를 했네!'

절로 얼굴이 붉어졌다. 여태 나한님들에게 엉덩이를 보이면서 정근을 했던 것이다.

"저 스님 좀 보소. 졸면서 염불하다 이제는 우리에게 엉덩이까지 보이고 기도를 하네. 기가 막히지 않소?"

나한님들이 손가락질 하며 낄낄 웃었을 것을 생각하니 참으로 민망했다. 얼른 정신을 차리고 뒤돌아서서 절을 꾸벅 올렸다.

'아이쿠~ 죄송합니다. 한 시간 동안 제 엉덩이만 보게 해드렸네요. 다음부터는 정신 바짝 차리겠습니다.'

나한님들이 그래도 귀여우신지 낄낄 웃으신다.

49일 동안 매일
삼천배를 하다

동학사 강원 졸업을 앞둘 무렵이 되자 그동안 종무소 소임으로 가까워진 신도님들이 공양금을 조금씩 주셨다. 서기 소임을 살면서 불자들이 올리는 보시금이 얼마나 무서운 것인지 익히 알고 있기에 감사하면서도 마음 한켠이 무거웠다.

'공양금을 어떻게 쓰면 저 분들의 공양이 더욱 값지게 될까'를 고민한 끝에 그분들을 위한 기도를 하기로 했다. 생각해보면 '나'란 존재가 있기까지 많은 분들의 보살핌이 있었지만 정작 나는 아무것도 해드린 것이 없다는 죄송한 마음이 들었다. 또한 선방으로 참선하러 가기 전 참회기도를 한다면 수행 도중 오게 될 장애를 순탄하게 넘길 수도 있으리란 기대도 있었다.

이때는 정말 수행을 잘해서 견고한 지혜를 얻고 싶은 마음이 간절했다. 꼭 한번은 제대로 기도하고 싶은 마음에 49일 동안 매일 삼천배를 하기로 결심했다. 삼천배는 수계산림 할 때마다 했으나 하루 이상 한 적은 없었다.

속가 어머니께 전화를 드려 조상님들 명단을 체크하고 더 올릴 분들이 있는지를 확인했다. 다음날 어머니로부터 전화가 걸려 왔다.

"스님! 어제 스님 전화 받고 밤에 꿈을 꾸었어요. 자는데 돌아가신 큰어머니가 나타났어요. 그런데 머리가 어떤 큰 나무 속에 박혀 있는 거예요. 내가 놀라서 안간힘으로 꺼내 드렸는데 꺼내자마자 다시 들어가는 거예요. 힘겹게 꺼내면 또 들어가고, 밤새 그러다가 깼네요. 아무래도 기도해 달라는 의미 같아요. 큰어머니께 젊어서 죽은 아들이 둘 있는데 그 사람들도 기도 올려주면 좋겠어요."

"네. 그러죠."

드디어 삼천배 기도를 시작했다. 네 번 기도 들어갈 때마다 팔백배 정도를 해서 하루에 삼천배를 마친다. 칠일째가 되니 힘들어 정말 죽을 것 같았다. 포기할까 하는 생각도 들었으나 '그래, 그냥 절하다가 죽자! 절하다가 죽으면 그 또한 영광스럽지 않은가!'

나의 업장을 생각했다. 업장을 소멸한다는 것은 쉬운 일이 아니다. 나는 죽을 각오를 하고 참회의 절을 올렸다. 정말 하기 싫은 날도 있었다. 하지만 하기 싫은 마음 자체가 둔한 업이고 그

마음을 이겨내는 것이야말로 업을 이기는 일이라는 생각이 들었다.

'지장보살님이시여! 일심으로 참회하오니 이 참회의 공덕을 나와 과거에 인연이 있었던, 현재에 인연이 있는, 미래에 인연이 있을 사람들에게 회향합니다. 그들의 무거운 업장은 봄눈처럼 녹고 마음마다 보리심을 발하여 부처님 지혜를 얻게 하소서.'

일배 일배를 하면서 가족과 나를 가르쳐 주신 스승님들 그리고 친구들, 도반들, 시주님들의 얼굴을 한 명씩 떠올리며 그들이 평안하고 행복하기를 바라고 또 바랐다. 얼마를 지나니 몸에 살이 빠지고 입안은 헐어 음식 먹기도 힘들고 말하는 것조차 힘들어졌다. 하지만 포기하지 않았다. 업이 소멸되지 않는 한 지혜는 열리지 않을 것이며 장애 또한 사라지지 않을 것이기 때문이다. 결국 49일을 무사히 마쳤다.

어머니께 회향 날 오시면 좋겠다고 했더니 전날 오셨다. 그리고 명부전 저녁기도에 함께 참석하셨다. 신심이 깊은 어머니는 딸 스님하고 기도하니 힘이 나시는지 염불 목소리가 쩌렁쩌렁하시다. 삼천배는 끝냈으나 지장경 사경을 마치지 못해 법당에 앉아서 쓰는 마음이 분주하다. 기도 부전스님과 어머니가 큰 소리로 정근을 하신다. 목청이 얼마나 좋은지 부전스님보다 더 크다.

'아이구 어머니가 신심이 또 나셨구면. 저리도 큰 소리로 염

불하시다니!'

나는 속으로 웃음이 났다. 그런데 조금 지나자 갑자기 엉엉 우신다. '아니, 열심히 염불할 때는 언제고 이제는 펑펑 우시네. 무슨 일일까?'

기도를 마치자마자 어머니께 여쭈었다.

"아니, 왜 갑자기 염불하시다가 우셨어요?"

"아이구, 글쎄 말예요. 죄송해요. 큰 소리로 염불하고 있는데 갑자기 눈 앞에 큰어머니가 나타나셨어요. 18살에 우리 어머니 돌아가시고 큰어머니를 어머니처럼 의지하고 살았지요. 저 시집도 큰어머니가 보내주셨거든요. 그 분이 막 우시면서 너무 고맙다고 하시는 거예요. 지금까지 본인을 위해 그 누구도 기도해 준 사람이 없는데 스님이 해주셨고, 본인 아들들까지 기도해 주셨다고, 이제는 좋은 세상으로 간다고 하시면서 계속 우시는 거예요. 큰어머니가 우시니 나도 모르게 눈물이 났어요."

어머니는 말씀을 다 하고는 겸연쩍게 크게 웃으신다. 기도 후 한결 편안해진 어머니의 모습을 보니 내가 출가를 참 잘했구나 하는 생각에 잠깐 뭉클해졌다.

이렇게 지나온 업을 참회하고 모든 사람들이 평안하길 바라는 삼천배 기도를 회향하고 나니 몸과 마음이 깃털처럼 가벼워짐을 느꼈다. 이제는 참선공부를 위해 길을 떠나야 할 때다.

끝없는
수행의 길

49일 삼천배를 무사히 마치고 첫 하안거를 나러 간 곳은 언양 석남사이다. 동학사 강원도반인 서현스님도 왔다. 오랜만에 만난 서현스님이 나를 보자마자 소식이 궁금했다며 묻는다. "스님, 그동안 뭐했어? 얼굴이 확 달라졌는데."

"글쎄. 아무것도 안했는데……."

"아닌데, 뭔가 했어. 얼굴이 환골탈태 했네. 스님 얼굴에서 빛이 나."

혹여나 삼천배 했다는 상이 생길까 도반들에게도 숨겼다. 하지만 수행의 기운은 숨긴다고 숨겨지는 것이 아님을 점차 알게 되었다.

석남사 선방은 비구니 선방 중 가장 규모가 크다. 상선원과 중선원으로 나뉘어져 있는데 상선원은 3년 결사하는 스님들이 정진하고 한 철 3개월 참선정진 하는 스님은 중선원인 정수선원에 머물렀다. 거기다가 석남사가 본사인 은사스님께서 백홍암에서 다시 석남사로 오셔서 주지를 맡고 계셨고 노스님께서 선방 유나 소임을 보셨다.

스님들은 강원을 마치면 대부분 선방을 간다. 강원 교과과정에서 배운 참선의 중요성과 번뇌 소멸 그리고 깨달음의 과정에 대해 실참으로 익힐 수 있기 때문이다. 막 강원을 졸업한 나는 선어록에서 접한 선사스님들의 말씀으로 가슴이 뜨거웠기 때문에 한창 의기가 충천하였다. 역대 조사스님과 선사스님들의 깨우친 기연을 보면 깨닫는 것이 참으로 쉽게도 보인다. 어떤 스님은 기왓장 부딪치는 소리에, 어떤 스님은 문 앞에 쳐진 발을 들어올리다가, 또 어떤 스님은 누군가의 느닷없는 질문 한마디에 그 자리에서 확철대오했다.

'이번 철에 반드시 깨닫고 말리라.'

그동안 조사어록을 열심히 본 터라 나는 자신이 있었다. 모르면 용감한 것이다. '선사스님의 지침대로 정진하면 일주일이면 깨달을 수 있을 거야.'

나는 허리를 곧추 세우고 가슴을 활짝 펴고 화두를 들었다. 굳은 결심으로 열심히 정진했다. 그런데 일주일쯤 지나자 어깨와 다리가 너무 아파 견딜 수가 없다. 강원에서는 좌선 시간이 없었던 터라 갑자기 매일 10시간을 앉으려니 주리가 틀린다.

나의 출가 본사 백흥암도 선방이다. 햇스님일 때 여름철 우연히 선방 앞을 지나다 호기심에 참선정진 하는 스님들을 살짝 보면 조는 스님이 더러 있었다. 그때 나는 조는 스님을 향해 속으로 투덜거리곤 했다.

'에이, 뭐야. 참선하러 오셔서 왜 졸까? 저 스님 엉터리네.'

그런데 그게 아니다. 참선 중 졸 수 있다는 것은 고수나 할 수 있는 일이었다. 먼저 몸을 조복 받아야 고요함에 빠져 졸 수도 있는 것이다. 우리가 무얼 안다고 하는 것은 얼마나 어설픈 오만인가! 가슴 깊은 곳으로부터 은사스님에 대한 깊은 존경심이 마구 솟구친다. 스님은 출가 이후 지금까지 선방을 떠나신 적이 없다. 스님이 거쳐 오신 시간들에 경배를 올리게 된다.

내게 가장 좋았던 선방을 뽑으라면 망설임 없이 지리산 대원사 사리전을 꼽는다. 동안거 동안 가행정진을 한 달 반 했다. 보통 안거는 하루 열 시간 정진을 하지만 가행정진은 단 세 시간만 잠을 자고 나머지 모든 시간에 참선정진을 한다. 용맹정진은 잠자는 시간이 아예 없다. 모두가 잠든 새벽에 오롯이 깨어 눈 푸른 납자가 되어 보니 세상 부러울 것이 없다. 속히 무명을 타파하여 생사에 걸림 없는 대자유인이 되기를 꿈꾸며 올라오는 번뇌들을 하염없이 내려놓는다.

이렇게 청량골을 꼿꼿이 세우고 화두와 씨름하다 보면 어느새 수마睡魔라는 놈의 괴롭힘이 시작된다. 이 세상에서 가장 무거운 것이 눈꺼풀이라는 말을 수없이 실감하면서 허벅지를 꼬집는다. 그래도 수마는 틈만 나면 끼어 들어온다. 급기야 옆자리 지담스님과 어떻게 수마를 타파할 것인가를 머리 맞대고 의논했다. 일단, 졸고 있으면 서로 깨워 주기다. 나도 모르게 졸고 있으면 지담스님의 검지손가락이 어느새 나를 찌른다. 민망해서 곁눈으로 살짝 보면 스님이 응원의 눈빛을 보내고 있다. 도반이 수행의 전부라고 하신 부처님의 말씀이 참으로 맞다. 어느새 우리는 서로의 수행을 지켜 주는 호법신장이 되었다.

선방에서 화두를 놓지 않으려고 애쓰는 날이 이어졌다. 걸어갈 때나 밥을 먹을 때나 이야기 할 때나 무엇을 하든 화두가 소소영영 현전했다. 화두의 맑고 청량한 에너지가 몸과 마음을 감싸니 때가 되어도 배가 고프지 않고 음식에 대한 생각도 사라졌다. '아, 화두가 들린다는 것이 이런 것이구나' 그동안 막혀 있던 체증이 내려가는 듯했다. 그런데, 다음 순간 화두만 오롯하니 내가 없다. '내가 어디로 간 걸까? 나란 존재가 사라지면 어쩌지?' 처음 만나는 생소한 경계에 두려움이 엄습해 온다. 공포가 커 감당할 수가 없다. 결국 화두를 내려놓고 말았다.

해제 후 축서사 무여 큰스님을 찾아 뵙고 여쭈었더니 무릎을 탁 치시며 "그때 더 밀어부쳤어야 하는데……" 하고 안타까

위하셨다. 그대로 밀고 나가야 한다는 것을 머리로는 알았지만 막상 인연이 도래했을 때 두려움에 지고 말았다. 그만큼 나라는 존재에 대한 애착은 넘어야 할 큰 산이다. 우리는 끝없는 수행의 길 위에 있다.

향기로운

바람이 되어

선지식 대휘스님의
가르침

대학교 4학년이 된 나는 졸업 후 진로 문제며 앞으로 어떻게 살아야 사람답게 사는 것인지 하는 근본적인 고민까지 더해져 불안한 나날을 보내고 있었다. 그러던 차에 어느 날 어머니께서 절에 가신다기에 따라 나섰다.

어머니가 다니시던 사찰은 충북 제천에 있는 강천사라는 절이다. 인근에 도인스님으로 널리 알려진 주지 대휘스님은 많은 불자들이 마음의 의지처로 삼고 있는 분이었다. 절이 높은 산꼭대기에 위치해 있어 고개를 몇 번이나 넘으며 반나절 이상 걸어야 했다. 나는 마음속으로 '부처님! 저는 앞으로 어떻게 살아야 할까요? 제가 가야 할 길을 보여 주세요'라고 되뇌며 눈 덮인 산을 어머니와 남동생과 함께 올라갔다.

당시 스님은 절에 앉아서도 누가 올라 오고 있는지를 아시고 마당에 나와 기다리셨다. 스님은 차가운 바람을 맞으며 올라온 우리를 반갑게 맞아주셨다. 우리가 법당을 참배하고 나오길 기다리셨다가 "너는 나를 좀 따라와라." 하시기에 어머니가 "저요?" 했더니 "자네 말고 딸래미."라고 하셨다.

나는 그렇게 혼자 스님을 따라 방으로 갔다. 큰스님 방이라 좀 특별할 것이라 생각했는데 너무도 평범했다. 오히려 우리가 묵는 방보다 더 허름했고 텅빈 방 안에는 작은 앉은뱅이 책상 하나가 전부였다. 스님은 나에게 구둘목에 앉으라고 하시더니 벽장에서 두루마리 종이 한 장을 꺼내 펼치셨다. 종이에는 붓글씨로 '壁隙風動(벽극풍동) 心隙魔侵(심극마침)'이라 적혀 있었는데 〈선가귀감〉에 나오는 글귀로 스님이 직접 쓰셨다.

"벽에 틈이 있으면 바람이 들어오듯 마음에 틈이 생기면 마구니가 침범한단다. 그러니 그저 마음을 잘 단속하거라. 그것만이 길이야. 그렇게 하다보면 자연히 빛나는 사람이 되지. 사람들이 산에서 호랑이를 봐서 무서워하는 것이 아니야. 호랑이가 그 산에 있다는 말만 들어도 두려워하지. 아무것도 걱정하지 말고 그저 마음에 틈이 생기지 않게 하루하루 충실하게 살면 된다."

스님은 나의 고민을 이미 알고 계시다는 듯 따뜻하게 격려해주셨다. 나의 고민이 욕심이라는 마음의 틈에서 비롯되었다는 것을 알게 되자 불안했던 마음도 편안해졌다.

평생 능엄신주로 수행의 힘을 얻으셨다는 스님의 가르침은 내 인생에서 소중한 나침반이 되었다. 벽에 틈이 생기면 바람이 들어오듯 내 마음에 틈이 생길 때 욕심의 바람, 성냄의 바람, 어리석음의 바람이 불어 마음의 고요를 깨뜨리고 불안을 몰고 올 것이다. 그뿐이랴. 그 바람은 점차 거세져 주변과 자신을 파괴하는 괴력을 과시한다. 마음의 작은 틈을 경계하고 또 경계할 일이다.

스님으로
산다는 것

서울에서 포교당을 열고 있을 때다. 아침 공양을 마친 이른 아침, 갑자기 전화벨이 울린다. '이렇게 이른 시간에 누굴까?' 기대 반 걱정 반으로 전화를 받았다. 다정하게 "자우야~" 부르는 따뜻한 목소리는 노스님이시다. 뜬금없이 "자우야~ 잘 살아야 한다." 하신다. 순간 노스님의 사랑과 염려가 가슴을 파고 든다.

'스님으로 잘 산다는 것'은 무엇일까? 법당에서 열심히 절하고 기도하면 되는 것일까? 아니면 어려운 사람들을 위해 봉사하는 것일까? 그것도 아니면 깊은 산속 선방에서 화두삼매에 드는 것일까?' 머릿속에서 순간 혼돈의 파도가 출렁댔다.

"노스님, 그런데 어떻게 사는 것이 잘 사는 거예요?"

그렇잖아도 도심포교 하면서 만나는 어려운 현실 속에서 '스님으로 잘 산다는 것이 무엇일까' 고심하고 있던 차였다.

노스님은 출가 후 평생을 선원에서 참선수행 하신 분이다. 그런 분의 대답이야말로 '중노릇'의 정답일 거라는 생각이 들었다. '평생 산중 선방에서 정진하신 스님의 참된 중노릇에 대한 답은 무엇일까? 아마도 다 쓸데없으니 당장 그만 두고 산으로 돌아와 화두나 들어라, 하지 않으실까?'

노스님은 잠시 생각하시더니 담담하게 말씀하셨다.

"나도 모른다."

순간 '아, 이것이구나!' 답 아닌 듯한 답이 가슴을 시원하게 한다. 노스님의 솔직한 말씀은 묵직한 무게로 언어 너머의 생각을 전해 왔다. 살아가면 살아갈수록, 중노릇을 하면 할수록 아는 것보다는 모르는 것이 많아지는 것 같다. 내가 무언가 안다고 생각하고 그 생각에 묶여 있을 때 고통은 시작된다. 내가 맞다고 생각하는 것이 과연 맞는 것일까?

참선만이 최고라고 주장하는 사람들이 있다. 또 참선보다는 교리가 더 중요하다고 하는 사람들이 있다. 그리고 어떤 사람은 염불이야말로 불안한 이 시대에 가장 맞는 수행법이라고 한다.

과연 무엇이 맞을까? 아무리 참선이 최고라고 해도 선방에 앉아 쓸데없는 생각으로 시간을 보낸다면 일념으로 부처님 가르침을 삶 속에서 실천하고 있는 사람만 못할 것이다. 결국 무엇을 하는가 보다는 어떤 마음으로 하고 있느냐가 수행자에게는 더욱 중요하다고 할 수 있다. 순간순간 일어나는 망상을 부처님 마음으로 돌리고, 순간순간 일어나는 이기심을 커다란 연민으로 돌릴 수 있는 그런 수행자라면 충분하지 않을까?

오늘 내가 하고 있는 수행이 지금은 맞을지라도 언젠가 주변 인연이 달라졌을 때 다른 수행이 더 맞을 수도 있다. 열린 마음이 요구되는 시대다. 포교를 하든, 참선을 하든, 교학을 하든 말과 마음이 따뜻하고, 행동이 고요하며 절제가 있고, 가식 없이 솔직한 사람이 아름다운 수행자다.

내가 있어야 할 곳은
바로 여기

스님은 늘 마음이 고요할 거라고 생각하는 사람들이 많다. 하지만 그렇지 않다. 스님도 때로는 마음이 흔들릴 때가 있다. 예컨대 나는 포교를 시작한 후 하안거, 동안거 결제 때가 되면 산으로 돌아가고픈 간절함으로 마음이 흔들렸다. 출가할 때만 해도 참선정진하고 생사해탈해서 자애롭게 후학을 살피는 것이 내가 가고 싶은 길이었다.

그래서 동학사 승가대학을 졸업하자마자 선방으로 달려가 참선수행을 시작했다. 지금 생각해도 너무도 아름다운 시간들이다. 언제나 고요함이 흐르는 선방, 허리를 꼿꼿이 세우고 용맹정진하던 시간들, 화두와 씨름한 후 만나던 새벽 공기의 청량함. 선방은 지금도 내 마음의 고향이자 힘의 원천이다.

서울에서 막 포교를 시작했을 때 나는 무악재역 3번 출구 언덕 도로가에 위치한 3층 빌딩 속 포교당에서 밤낮으로 울리는 앰뷸런스 소리와 수시로 찾아오는 방문객들 그리고 현관문 열기가 두려운 매연과 함께 살고 있었다. 그리고 지금도 서울 한복판에서 숨쉬고 있다.

어쩌다 도반이나 사형 스님들이 와서 하룻밤을 자기라도 하면 한결같이 "자우스님, 이런 곳에서 어떻게 살아?" 한다. '나는 왜 이런 곳에 살고 있을까?' 다른 스님들처럼 물 좋고 공기 좋은 산속에서 빳빳한 풀 옷 입고 품위 있게 외호 받으며 참선수행만 할 수 있는데 말이다. 밤새 들리는 차 소리로 잠을 설치는 날은 당장이라도 포교고 뭐고 그만두고 산으로 돌아가고 싶은 마음이 굴뚝 같았다.

그러던 어느 날, 도심포교에 지친 나의 마음을 아셨는지 은사스님께서 전화를 주셨다. 해제철을 맞아 선문회 주최로 불영사에서 큰스님 법문이 있으니 올 수 있으면 오라는 말씀이셨다. 늘 산속 수행이 그리웠던 나는 부푼 마음으로 걸망을 챙겼다.

어느새 불영사에는 많은 스님들이 모였고 여기저기 반가운 얼굴들이 눈에 들어온다. 대부분 한 철 결제를 잘 마친 수좌들이다. 오랜만에 선법문을 들으니 더욱 화두참선에 몰두하고픈 생각이 올라온다.

아침 공양을 마친 후 도반스님들과 포행을 하였다. 바쁜 서울을 벗어나 모처럼 가져보는 여유. 푸른 숲속 길을 따라 펼쳐진 계곡은 맑고 신선했다. 바위에 걸터앉아 스스로에게 물었다. '다시 산으로 돌아오고 싶은가?' 조용히 내면의 소리에 귀기울여 본다. 그 때 의외의 답이 들려왔다. '그럼, 사람들은 어쩌지? 삶에 지쳐 어디로 가야 할지 몰라 하는 이들은 어쩌지? 나 혼자 이렇게 좋은 곳에 있으면 너무 미안하잖아.' 그들을 생각하니 가슴이 빽빽하고 아리다. 깊은 마음의 소리는 분명히 그렇게 말하고 있었다. '그래, 조금이라도 젊었을 때 사람들과 함께하자. 대단한 것은 못하더라도 사람들이 힘들어 할 때 조금은 위로가 되는 스님, 인생의 갈림길에서 괴로워할 때 작은 빛이라도 비추어 줄 수 있는 그런 스님이면 족하지 않겠는가?' 이렇게 다짐하는 순간 마음속 등불은 다시 힘차게 타올랐고 이후로 더이상 갈등하지 않았다.

적어도 내가 지금 있어야 할 자리는 바로 여기다. 사람들과 함께! 세상과 함께! 나의 마음이 세상을 향한 연민과 사랑으로 오롯할 때, 오늘도 어여삐 바라보시는 부처님의 미소를 만난다.

그리운
원명스님

스리랑카에서 유학 중이던 어느 날 아침 한 통의 전화가 걸려왔다. 서울 소격동 연등국제회관과 강화도 연등국제선원을 운영하고 계신 원명스님이다. 대학 졸업 후 연등국제회관에 다니게 되었고 결국 스님과의 인연으로 출가하다보니 스님은 나를 자식처럼 살펴주셨다. 백흥암으로 출가했을 때도 후에 동학사 강원에서 경전공부 할 때도 내가 공부 잘 하고 있는지 확인하시고 어른스님들께도 부탁하셨다.

언젠가 연락도 없이 불쑥 백흥암으로 찾아 오셨다. 주지스님과 은사스님이 준비한 찻자리에서 즐겁게 대화를 이끌어가시던 스님이 갑자기 나를 쳐다보며 말씀하셨다. "얘는 공부 많이 해야 하는 아이이니까 일 시키지 말고 공부하러 보내세요." 예상치 못한 얘기에 나는 가슴이 덜컹 내려앉아 몸이 오그라드는 것 같았다. 주지 육문스님께서 단호한 목소리로 답하셨다. "우리 백흥암은 그런 일 없습니다. 똑같이 해야지!"

원명스님이 바로 고개를 끄덕이셨다. "그렇죠. 알겠습니다. 그래도 참작은 해주시면……." 하고 웃으셨다. 당연하게도 원명스님이 서울로 돌아가시고 난 후 나의 일상은 하나도 달라진 것이 없었다.

이후 강원을 무사히 졸업하고 원명스님께 인사드리러 갔다.

"자우스님, 이제는 나를 좀 도와주면 좋겠다."

활발하게 포교를 하고 계신 스님에게는 늘 사람이 필요했다.

"스님, 죄송해요. 저는 아직 많이 부족하고 공부를 더 해야 합니다."

선방으로 가서 참선수행에 전념하고 싶은 마음에 거절했지만 스님의 일을 돕지 못해 죄송했다.

그런 일이 있고나서 오랜만에 전화기 너머로 듣는 스님의 따뜻한 목소리다.

"자우스님, 잘 있나? 내가 부탁이 있어 연락했다. 이번에는 꼭 들어줘야 한다."

"무슨 부탁인데요. 제가 할 수 있는 거면 할게요."

죄송한 마음을 조금이나마 덜고 싶었다.

"인도네시아에 내가 맡고 있는 해인사포교원이 있어. 이번 백중기도 좀 해줄 수 있을까?"

때마침 방학이다.

"네. 갈게요. 이번만 가면 되지요?"

"아니. 사실은 내가 암이 재발되었다고 하네."

"네? 정말요?"

청천벽력이다. 스님은 3년 전 암으로 수술을 하신 적이 있다. 심각하지 않다고 해서 그런 줄만 알았다. 왕성한 국제포교 활동으로 세계 여러 나라에 사찰을 개원하셨고 외국인 상좌도 여럿인데……. 그 많은 일을 하면서 병이 재발하니 걱정이 많으실 것 같아 잠시 할 말을 잃었다. 놀라움을 감추며 말했다.

"그럼 어떡해요."

"아무래도 나는 다시 못갈 것 같아. 자우스님이 가서 보고 웬만하면 그 절을 맡으면 좋겠다. 그곳에서 국제포교의 꿈을 한번 펼쳐봐."

가슴이 먹먹하다. 그렇게 인도네시아 해인사포교원과 인연이 되었다. 그 후 3달 정도 지난 어느 날 한국에서 전화가 왔다. 급박한 목소리다.

"스님, 가능한 빨리 한국으로 들어오세요. 상황이 좋지 않아요. 병원에서 오늘내일을 못 넘기실 것 같다고 하네요."

가슴이 철렁 내려앉고 머리가 하얘지는 느낌이다. 죽음이라는 것을 이렇게 가까이에서 겪은 적이 없다.

'스님이 사라지신다니! 어떻게 이런 일이 생길 수 있지? 며칠 전까지만 해도 목소리를 들었는데……. 나 지금 뭘 해야지? 정신 차리자!'

서둘러 비행기표를 구해 저녁 비행기를 탔다. 눈물이 하염없이 흐른다. 온 세상이 슬픔이다. 비행기가 위로 오르자 파란 하늘 아래 하얀 뭉게구름이 하늘 끝까지 펼쳐진다. 그리고 그 위로 붉은 노을이 쏟아진다. 스님을 보내는 마지막 이별의식이라도 하듯 온통 하늘이 붉은 빛이다. 슬프도록 아름다운 노을 속으로 떠나는 스님의 모습을 떠올리며 가슴이 아파온다. 흐르는 눈물을 훔치며 부디 생전에 한 번 뵙기를 간절히 염원해 본다. 하지만 밤을 지나 도착한 인천공항에서 듣게 된 임종소식. 허탈했다.

해인사 산내 암자인 청량사에 도착하니 스님을 애도하는 스님들과 불자들이 많이 모여 있었다. 내 마음도 모르는 스님은 유난히도 환한 미소의 영정사진으로 나를 반긴다. 스님은 도대체 어딜 가신 것일까? 어딜 가야 스님을 만날 수 있을까? 53세의 젊은 나이. 한국불교의 국제화에 몸과 마음을 모두 불살라버린 스님. 어느새 스님 나이를 훌쩍 넘겨버린 나는 생전에 들려주시던 법문 속에서 스님을 만난다.

"나는 사람이 좋더라. 마음속 부처님을 만나야 해."

오늘도 나는 사람들과 함께 마음속 부처님을 만나며 그리운 스님을 만난다. 일 년에 반은 지구 반 바퀴를 돌며 사람들에게 자비와 사랑을 베푸셨던 스님! 스님이 외롭게 넘어야 했던 큰 산들, 누군가는 가야 할 그 길을 나 또한 뚜벅뚜벅 걷고 있다.

동학사 강주
일연스님

동학사는 비구니 전통강원 중 가장 역사가 깊은 곳이다. 계룡산에는 문필봉이 있어 예로부터 훌륭한 강백이 많이 배출되기로도 유명하다. 동학사 주지이자 강주로 오신 일연스님도 동학사 강원 출신이다. 스님은 누구보다도 학인들을 아끼고 사랑하셨다.

"강원에서는 경전 읽는 소리가 끊어지면 안돼요!"

스님이 육화당을 지나시다가 "다들 어디 갔어요? 경전 소리가 안 나네." 하면 학인들은 누구든 곧바로 큰소리로 염송을 해야 했다.

우리는 시간만 나면 독송하러 강당 가까운 숲속 나무 아래로 갔다. 푸르른 계룡산을 내려다보며 바위 구석구석에서 큰소리로 경전 읽는 모습은 마치 학들이 앉아 있는 한 폭의 그림과도 같았다. 스님들의 경 읽는 소리, 환한 웃음, 맑은 마음들이 계룡산의 정기와 어우러져 부처님 나라를 만들어가는 꿈을 키워가고 있었다.

강주스님은 강을 하기 전 그날 가르칠 내용을 범음으로 읽으셨다. 특히 목소리가 너무도 청아하셔서 마치 부처님을 뵙는 듯했다. 주로 능엄경과 화엄경을 가르치셨고 능엄경은 불교방송을 통해 대중들에게도 강의하셨다. 늘 공덕 짓는 것을 강조하고 실천하시던 스님이 언젠가 생신 기념으로 130명 학인 모두에게 옷을 선물하셨다. 벌써 25년이 지났지만 지금도 그 옷을 입을 때면 나는 타임머신을 타고 학인 시절로 돌아가 열정과 자비심이 넘쳤던 강주스님을 다시 만난다.

스님은 찬불가 부르는 것을 무척이나 좋아하셨다. 강의 틈틈이 찬불가 교실도 열었는데 '보현행원'은 스님의 애창곡이다. 찬불가를 부르실 때 스님은 꼭 곱게 합장을 하신다.

언젠가 마곡사를 함께 다녀오는데 차 안에서 "자우야, 우리 노래 부를까?" 하신다.

"네, 스님. 무슨 노래 부를까요?"

"내가 먼저 할게."

스님은 언제나처럼 '보현행원'을 부르신다.

　내 이제 두 손-모아 청하옵나-니

시방세계 부처-님 우주 대-광-명

두 눈 어둔 이 내 몸 굽어 살피-사

위-없는 대법-문을 널리 여-소-서

허공계와 중생-계가 다할지라-도

오늘- 세운 이 서-원은 끝없사-오-리

스님의 서원이 고스란히 느껴져 가슴이 따뜻해진다.
다음은 내 차례다. 나는 '우리도 부처님같이'를 불렀다.

어둠은 한순간 그대로가 빛이라네

바른 생각 바른 말 바른 행동이

무명을 거두고 우주를 밝히는

이제는 가슴 깊이 깨달을 수 있다네

정진하세 정진하세 물러남이 없는 정진

우리도 부처님같이 우리도 부처님같이

한참을 돌아가며 부르는데 갑자기 스님이 조용하시다. 돌아
보니 곤히 잠이 드셨다. 창 밖으로는 가로수 벚꽃들이 한창이
다. 고개 내밀어 하늘을 보았다. 꽃망울을 막 터트린 연분홍빛
벚꽃 잎들이 하늘을 덮고 있다. 벚꽃 향연이 시작되었다. 어디

선가 바람이 불어와 꽃잎들이 흩날린다. 꽃비 속을 헤치고 차는
달린다. 꽃비 속에서 아가처럼 단잠에 빠지신 스님의 모습은 봄
꽃보다 아름답다.

나는
'가짜스님'?

부처님 제자라면 누구라도 포교의 중요성을 모르지 않는다. 나에게도 일찌감치 포교의 원력을 심어 준 고마운 분이 계시니 바로 남화여 법사님이다. 그 분을 통해 어린 학생이었던 나와 친구들은 부처님 법을 공부하고 포교의 큰 꿈을 품게 되었다.

출가 이후 종종 재가 포교사님들을 만날 때마다 법사님 생각이 난다. 그리고 내가 그분에게 받았던 사랑과 선한 영향을 생각하며 모든 포교사님들에게 진심으로 감사드린다. 법사님의 한 말씀 한 말씀이 어린 우리들에게 전부였던 것처럼 스님과 포교사님들의 법문은 부처님의 혜명을 잇는 동아줄이다. 그래서 스님과 포교사들의 역할은 참으로 소중하다.

나는 강원과 선방을 다니면서 개인적인 수행에 대한 갈망과 포교 사이에서 많은 고민을 했다. 그러다가 원명스님과의 인연으로 외국에 나가 포교활동을 하게 되었고 그때 사람들이 삶의 현장에서 얼마나 힘들어하는지 구체적으로 알게 되었다. 부처님 제자로서 평생 그들과 함께할 것을 다짐했다. 이후 한국으로 돌아와 본격적으로 도심포교에 대한 서원을 세우고 탄생한 것이 지금의 비로자나국제선원이다.

상대적으로 타종교에 비해 불교 교세가 열악한 서울과 경기권에 조금이나마 힘을 보태기 위해 서대문구 홍제동에 선원을 개원했다. 그것도 월세 60만 원으로 말이다. 그러니 법당도 아주 작고 부처님도 자그마한 부처님을 모셨다. 이런 나를 보고 누군가는 무모하다고 했고, 누군가는 용감하다고도 했다. 하지만 나의 마음속에는 늘 허공을 가득 채운 부처님이 계셨고, 은은한 종소리가 울려 퍼지는 법당은 끝없는 대해처럼 느껴졌다. 새벽예불 올릴 때마다 '한 중생을 구제하기 위해 세세생생 따라다녀 그 중생을 구제하리라'는 보살의 서원을 다짐했다.

그러던 어느 날, 어쩌다 한 번씩 찾아오는 신도님에게 "보살님, 절에 자주 오세요. 기도도 함께하고요." 하니 아주 난감해하며 "스님, 저도 그러고 싶은데 남편 때문에 눈치가 보여요." 한다. "왜요?" 하고 묻자 "저의 남편이 이 절에 나가지 말래요. 저는 스님이 좋은데……." 하고 말꼬리를 흐린다. 마음에 쿵 소리가 났다. "이유가 뭐죠?" 물었다. "남편이 '스님이 산속에 있어야 진짜스님이지, 도심에 와서 사는 스님이 뭐 제대로 된 스님인가? 그리고 기와로 되어 있지도 않고 허름한 건물에 절 같지도 않잖아?' 했어요." 한다. 마음이 씁쓸하다. '아, 이것이 사람들 눈에 비쳐지는 도심에서 포교하는 스님들의 모습인가?'

그 후 얼마 지나지 않아 그분의 남편이 갑작스러운 교통사고로 돌아가셨다는 연락을 받았다. 사고 장소에서 응급실로 옮기는 도중 앰뷸런스 안에서 사망하셨단다. 대학생, 중학생, 초등학생 세 명의 자식들에게 작별 인사도 못하고 떠나셨다. 얼마나 기가 막힐까 생각하며 목탁과 요령을 챙겨 들고 장례식장으로 걸음을 재촉했다. 아빠의 영정 앞에 슬피 우는 아이들, 힘없이 넋을 놓고 있는 어머니, 애써 눈물을 참으며 장례 절차를 밟고 있는 아내, 나는 국화꽃 한 송이와 잔을 올리고 염불을 시작했다. 무슨 일이 생겼는지 모르는 듯 환하게 웃고 있는 거사님 영정 앞에서 조용히 말씀드렸다.

"거사님, 제가 서울에 살고 있으니까 이렇게 빨리 올 수 있네요. 보살님과 아이들 너무 걱정 마세요. 제가 함께해 드릴게요."

승가는 하나임을 보여준
하모니스님

홍콩에서 '하모니'라는 멋진 법명을 가진 비구니스님이 우리 선원에 도착했다. 스님과의 인연은 미국불교를 연구하러 찾아간 샌디에이고 근처 '틱낫한스님의 Deer park'에 2박 3일 머물면서 시작되었다. 인터뷰를 요청한 나에게 하모니스님은 센터의 운영 방식, 승가의 역할과 교육체계, 수행 지도방법에 대해 자세하고도 친절하게 설명해 주었다. 나는 스님에게서 승가를 건강하게 이끌고자 애쓰는 깊은 열정을 느꼈다.

　어느날 하모니스님으로부터 한 통의 메일을 받았다. 한국불교를 체험하고 싶은데 이곳 선원에 머물 수 있는지를 묻는 메일이었다. 도심이라서 불편한 점이 많은데 괜찮겠냐고 했더니 그곳 스님들은 틱낫한스님을 따라 세계 이곳저곳에서 수행 프로그램을 진행하다 보니 열악한 환경에서도 불편함 없이 머물게 된다고 하였다. 그리고 규모가 작아도 승가가 있는 곳에서 함께 수행하고 싶다고 하였다. 흔쾌히 오시라고 했다. 혼자서 씩씩하게 공항 리무진을 타고 도착한 스님과 나는 만나자마자 서양식으로 포옹을 하고 다시 한국식으로 인사를 하면서 크게 웃었다. 한마디로 문화교류를 시작한 것이다.

매달 조계사청년회 저녁 법문을 하는 날이 다가왔다. 문득 우리 청년 법우들에게 틱낫한스님의 명상을 가르쳐 주면 좋겠다는 생각이 들어 함께하기를 요청했더니 쾌히 승낙을 한다. 우리는 직장생활에 지친 청년들에게 이완명상을 함께 지도하기로 했다.

조계사는 국화축제가 한창이었다. 우리는 국화꽃 향기로 장엄한 법당을 참배하고 법회를 시작했다. 나는 삶의 에너지는 긴장이 아닌 편안함에서 생긴다는 내용으로 간단하게 법문했다. 그리고 '하모니스님'을 소개하고 다같이 누워서 이완명상을 시작했다. 스님이 영어로 설명하면 내가 통역하는 형태로 진행했다. 사람들이 금방 편안하고 깊은 휴식에 빠져든다.

마지막으로 스님이 몸과 마음을 이완시키는 노래를 불렀고 나에게 한국 노래를 권했다. 나는 이번 영어담마캠프에서 아이들과 함께 불렀던 'Breathing in, Breathing out' 노래를 부르고 나서 '나뭇잎 배'를 불렀다. 모든 사람들의 아픔과 고통이 사라지길 바라는 따뜻한 관세음보살의 마음을 노래에 실어 보냈다. 문득, 이 순간이 참으로 아름답다는 생각이 든다. 이완명상을 마친 젊은이들의 얼굴에 은은한 미소와 여유가 감돈다.

법회가 끝나고 극락전을 나왔다. 여전히 조계사 대웅전에는 많은 사람들이 기도하고 있었다. 스님이 감탄을 한다.

"한국 불자들은 참으로 부지런히 수행하네요. 홍콩은 그러지 않아요. 그리고 사찰이 너무 아름다워요."

그리고보니 나는 늘 한국불교의 모자람을 보며 그것을 채우고자 노력해 왔다. 하지만 '하모니스님'의 눈에 비치는 한국불교는 다른 어느 나라보다 신심이 살아 있고 활기차다. 스님이 가고 싶은 곳은 팔만대장경이 있는 해인사와 전쟁기념관이라고 한다. 베트남 전쟁 때 많은 한국 사람들이 베트남을 위해 자신의 삶을 희생했기에 감사를 표하고 싶다고 했다.

우리는 각기 다른 나라에서 태어나 스님이 되었지만 부처님의 가르침을 배우고 따르는 도반으로 금세 하나가 되었다. 더 이상 국경과 인종과 성의 차이는 존재하지 않는다. 이 얼마나 멋진 일인가! 앞으로 더 많은 외국 스님들을 초청하여 한국불교의 우수성을 널리 알리고 교류하면서 아름다운 승가를 만들 수 있기를 꿈꾸어 본다.

스무 살
우리 대장

비로자나국제선원은 서대문구 홍제동에 위치해 있다. 내가 이
곳에 선원을 만들게 된 이유 중 하나는 가족들과 함께 수행하
기 위함도 있었다. 가족 모두 불자라고 해도 신심의 깊이가 다
르다. 부모님 외 7남매 모두 서울에 살고 조카만 해도 13명이
다. 매주 일요 법회에 나와 부처님법을 공부하고 실천하여 마
음의 평화를 찾게 해주고 싶었다.

어느 날 도반스님과 함께 지하철역에서 내리려는데 누군가
"스님~"하고 반갑게 부른다. 돌아보니 첫째 조카다. 같은 동네
에 살지만 직장생활 하는 아이를 만나는 것은 고작 일 년에 한
두 번이다. 귀엽던 꼬마가 어느덧 자라 이달 말에 결혼한다고
한다.

"퇴근길이니? 결혼 준비는 잘 되고 있어? 이모들에게 혼수품
하나씩 해 달라고 해. 모두 너를 돕고 싶어하더라."

그리운시절

김옥녀

자우스님 어머니의 그림 〈그리운 시절〉 김옥녀 作

"괜찮아요. 혼수품은 이미 제 카드로 샀어요."

"그래? 엄마가 안 도와주시니?"

"아니요. 제 힘으로 해야지요."

방긋 웃는 모습이 예쁘고 기특하다.

문득 우리 7남매가 자라던 시절이 생각난다. 딸 여섯에 어렵게 아들 하나를 얻으신 부모님은 교육열이 뜨거운 분들이셨다. 중학교 입학금이 없어서 마음고생 한 아픈 추억이 있으신 아버지는 우리에게 공부는 하고 싶은 데까지 하라고 하셨다. 하지만 당시 지방공무원인 아버지의 월급으로 7남매를 모두 대학까지 보낸다는 것은 어린 우리가 보아도 어려운 일이었다.

그러던 어느 날 고등학교를 졸업하고 서울에서 직장 다니던 우리 집의 맏언니 대장은 여동생 5명과 남동생 1명을 불러 앉혀 놓고 선언하듯 제안했다.

"내가 생각해 보니 우리 부모님은 자식이 많아서 모두 공부시키고 시집 장가 보내는 일이 너무 힘드실 것 같아. 그래서 규칙을 정했어. 앞으로 고등학교를 졸업한 사람은 부모님께 50만 원을 드리고 결혼자금은 벌어서 갈 것, 그리고 대학교 졸업한 사람은 부모님께 받은 학자금을 모두 갚고 결혼자금은 벌어서 결혼할 것. 당연히 학자금을 갚지 못하면 결혼할 수 없어. 그래야 그 돈으로 다음 동생을 가르칠 수 있을 것 같아. 누구 불만 있니? 불만 없지?"

불만은 고사하고 당시 중학생이던 나는 그런 대장이 무척 자랑스러웠다. '어떻게 저런 멋진 생각을 했을까? 확실히 대장은 달라.'

지금 생각해 보면 재미있다. 겨우 스무 살 된 아이가 고등학생, 중학생, 초등학생 동생들을 쪼르르 앉혀놓고 똑부러지게 그런 설득을 하다니! 우리는 어린 마음이지만 약속을 지키기로 굳게 결심했다.

우리의 명제는 부모님 도움 없이 스스로 독립된 삶을 살아야 한다는 것이었다. 각자의 살림살이를 챙기면서 진심으로 서로를 도왔다. 나 또한 출가할 때 그동안 받은 대학학자금을 갚고 당당히 출가했다. 출가자로 부모님과 함께하지 못함에 늘 죄송하지만 그나마 마음이 가벼운 것은 학자금을 갚아서인 듯하다.

이년 전 아버님이 작고하셨다. 평생 도반을 떠나보내고 혼자가 되신 어머니는 영월에서 문인화 작가인 큰딸과 함께 텃밭도 가꾸며 평온한 일상을 보내고 계신다. 얼마전부터 문화센터에 나가서 그림을 배우기 시작하셨는데 아직은 보여주기 부끄럽다며 내미는 그림이 예사롭지 않다. 평생 자식들 키우느라 이제야 당신이 좋아하는 취미를 찾은 어머니를 생각하면 자식으로서 죄송할 따름이다.

오래전 형제들에게 했듯 우리 대장은 자식에게도 같은 교육을 시키고 있었다. 자식에게 물고기를 잡아주는 부모보다 물고기 낚는 법을 가르쳐 주는 부모가 현명하다. 당시 어린 우리가 그런 결정을 자발적으로 한 것은 부모님께서 성실하게 사시는 모습을 보았기 때문이다.

포교도 마찬가지다. 겉으로 화려한 모습보다 수행의 향기가 몸에서 풍겨 나올 때 사람들은 감동하고 무언의 가르침을 받는다. 어찌 보면 진정한 전법이란 유창한 법문보다 가슴 가득 붓다를 느끼며 세포 하나하나에 세상을 향한 자비와 연민을 가득 채울 때 자연스럽게 이루어진다는 생각이 든다.

향기로운 바람
자우입니다

아직도 익숙해지지 않는 스튜디오 의자에 앉자마자 이어폰부터 낀다. 온에어 표시등에 빨간 불이 들어오고 음악이 흐르면 오늘도 어김없이 '향기로운 바람 자우입니다~'라는 인삿말로 청취자들을 만난다.

이곳은 BTN 라디오 울림 스튜디오. 세상에 태어나 처음으로 방송 진행을 맡게 되었다. 그것도 추억의 올드 팝 진행 DJ이다. 스님이 음악방송을 진행하다니, 처음 제의를 받았을 땐 손사래를 치며 거절했다. 법문이나 불교강의라면 모를까 음악을 소개한다는 것이 왠지 어색했다.

"스님, 사람들이 울림방송으로 정말 많은 위로를 받고 있어요. 우울증이 사라졌다는 분도 있고, 방송을 통해 불자가 된 사람도 있어요. 울림 방송에 스님의 밝은 에너지가 필요해요."

이미 몇 년 전부터 방송을 하고 있는 후배 운성스님의 적극적인 권유가 있었다. '아니, 음악방송이 아닌 불교방송에서도 음악으로 사람들에게 힘과 위안을 준다고?' 두말없이 시작했다. 처음 해보는 방송이라 조금 긴장도 되었고 원고를 준비하는 데 꽤 시간이 걸리지만 매번 새롭고 즐거운 시간이었다.

BTN 라디오는 휴대폰에 'BTN 불교라디오 울림' 앱을 깔면 그 자리에서 바로 들을 수 있다. 울림채널, 법문채널, 명상채널, 독경채널 4개의 채널이 있어 자신의 취향과 필요에 따라 원터치로 선택하면 된다. 요즘은 보이는 라디오가 활성화되어 유튜브를 통해서도 생생하게 방송에 참여할 수 있어 국내뿐만 아니라 해외 어디서든 들을 수 있어 좋다.

그 중에서도 특히 스님들이 진행하는 시간이면 청취자들이 엄마에게 투정 부리듯 이런저런 일상의 소소한 사연들을 올린다. 예순이 훌쩍 넘었지만 엄마가 그립다는 보살님, 20년 근무한 직장에서 일방적으로 잘려서 속상하다는 중년신사, 수능시험 앞두고 떨린다는 수험생까지…… 보내오는 사연들도 각양각색이다.

어느 날은 안타까운 사연을 읽다가 눈물보가 터져 버렸다. 한꺼번에 어려운 일들이 닥쳐 앞이 깜깜하고 절망적인 상황에서도 부처님 뵈러 절에 가고 있다는 불자님의 사연을 들으면서 안타까운 감정이 북받쳐 올랐다. 내가 울먹이니 제작진들도 함께

운다. 인터넷 창에 청취자들도 울고 있다는 사연들이 속속 올라온다. 이렇게 라디오 방송을 통해 청취자들과 기쁨과 슬픔을 함께 하다보면 대자대비 관세음보살님 같은 자비심이 절로 솟구친다. 방송 울림이 관세음보살님이 되는 순간이다.

방송 타이틀 '향기로운 바람 자우입니다'는 〈화엄경〉 '세주묘엄품'에 '향기로운 바람이 되어 널리 일체 중생의 병을 소멸해주는 해탈문을 얻었다'는 '표격운당 주풍신'에서 비롯되었다. 오늘도 나는 매일 새벽 화엄경 사경과 독송으로 하루를 시작하며 세상의 향기로운 바람이 되길 발원한다.

꽃피는
나란다수행관

어느 날 후배스님이 찾아왔다. 단아한 모습에 학구열과 세상을 향한 사랑이 가득했다. 스님이 어렵게 꺼낸 하소연은 매주 동국대학교 석사 과정 수업을 들으러 지방에서 올라오는데 삼일 동안 머물 곳이 없어 여관, 고시촌, 찜질방 신세를 진다는 것이었다. '내가 비구니가 되어 이렇게까지 하면서 공부를 해야 하나? 산속에서 수행해도 되는데……'라는 생각이 들어 몸은 지치고 마음이 흔들린다고 했다.

나는 그래도 운이 좋았다. 포교 원력을 세웠을 때 사중 어른스님들의 도움으로 서울에 있는 사찰을 소개 받아 머물 수 있었다. 2002년 국제포교사와 심리상담 공부를 함께 하고 있었을 때 내가 거처하고 있던 삼각산 봉정암 주지스님께서는 "자우스님이 포교를 하겠다니 너무 고마워." 하시며 "포교할 사람이니 공부만 할 수 있도록 하라."고 사중스님들의 배려를 부탁하셨다. 이렇듯 포교현장에서 지칠 때마다 어른스님들의 사랑과 무언의 격려는 피로를 날려 버리는 청량제가 되어 주었다.

후배스님이 떠나고 난 뒤 비구니스님들의 척박한 현실을 생각하니 속상함이 올라왔다. '어쩌면 내가 포교를 처음 시작하던 20년 전이나 지금이나 변한 게 하나도 없을까? 저녁 늦게까지 수업 마치고 마지못해 여관에서 자고 나오는 후배스님의 심정이 되어본다. 말도 안 되는 일이다. 우리가 매일같이 포교의 중요성에 대해 침이 마르도록 얘기하면서 정작 학업과 포교의 원력을 낸 스님들이 머물 곳이 없는 현실이라니 이것이 한국불교의 현주소인가?'

그러던 어느 날, 새벽 예불을 마치고 경전을 독송하는데 갑자기 현실이 직시되면서 소스라치게 놀랐다. '세상에! 나도 어느새 선배가 되어 있었네.'

갑자기 부끄러움이 몰려왔다. 뭐라도 해야 했다. 동국대에서 석박사 과정을 공부하는 비구니스님들이 학교 앞 방값이 만만치 않아 고생한다는 이야기는 가끔 들어왔지만 현실로 체감한 것은 처음이었다.

아침 공양을 마치고 근처 부동산에 바로 전화를 걸었다. "혹시 전세 나온 것이 있나요? 공부하는 스님들 숙소로 필요해서요." 마침 있다고 해서 당장 집을 보러 갔다. 적당했다. 그런데

문제는 전세금이다. 사실 당시 선원 이전불사로 사중은 이미 많은 대출금을 안고 있었다. 내가 고민하고 있으니 부동산에서 "스님~ 요즘은 개인 전세대출이라는 제도가 잘 되어 있는데 제가 알아볼게요." 한다.

그리하여 나는 출가 이후 처음으로 개인 대출을 받게 되었고 그렇게 2018년 2월에 탄생한 것이 지금의 나란다수행관이다. 감사하게도 후원자들의 도움으로 대출이자를 무난히 내고는 있지만 안정적인 비구니 인재양성을 위한 수행관이 되려면 아직 갈 길이 멀다.

'세상과 함께하며 아름다운 세상을 만드는 것'을 목표로 하는 나란다수행관은 포교공동체이다. 학업과 포교를 하고자 하는 비구니스님이면 누구나 들어와 공부하고 포교활동을 할 수 있다. 각 분야별 포교에 대한 연구도 함께하고 현장 경험을 나누면서 서로 도울 수 있는 부분을 함께 한다. 그 중에서도 어린이, 청소년, 대학생, 병원, 심리상담, 장애인, 국제포교 등의 포교 현장에 뛰어들어 좀더 전문적이고 현실적인 도움을 주기 위해 노력하고 있다. 모두 함께라서 가능한 일이다.

네 절 내 절
우리 절

스님에게 불사를 한다는 것, 부처님 도량을 만든다는 것은 늘 가슴 뛰는 일이다. 오래 전부터 나는 사람들에게 부처님의 가르침을 전하기 위해 도심에 포교원을 열어야 한다고 생각했다. 하지만 원력만 가지고 포교에 뛰어든 나의 행로는 녹록지 않았다. 서울 시내에 선원을 열었으니 가까운 사찰을 찾는 불자들이 몰려올 거라 생각했는데 막상 시작하니 외로운 섬이었다.

맨 처음 보증금 이천만 원, 월세 육십만 원으로 스물네평 포교당을 열었다. 작은 포교당이지만 온 우주의 불보살님을 청하고 세상 사람들의 걱정과 고통을 녹여 주겠다는 굳은 결심을 했다. 조금씩 인연되는 사람들이 오기 시작하고 입소문을 통해 만나고 싶다는 사람들에게서 전화가 왔다. 열심히 오는 길을 설명해 주고 기다렸다. 그러나 문을 열고 들어오지는 않았다. 나중에 알고 보니 사찰 겉모습이 너무 허름해서 들어오고 싶지 않았단다.

요즘 사람들에게는 겉모습이 퍽이나 중요한 듯하다. '도량이 작고 허름하다고 부처님의 가피가 없을쏜가!' 남들이 어떻게 생각하든 중생의 고통을 함께 하겠다는 마음으로 꾸준히 전법포교를 하다보니 도량불사의 인연을 만나게 되었다.

하지만 불사금이 턱없이 모자랐다. 한걱정을 하고 있던 어느 날 전화벨이 울렸다. 내가 지도법사로 활동하고 있는 LMB 싱어즈 산하에 있는 우빼까 합창단 단원으로 지금은 쉬고 있는 분이다.

"스님, 불사하신다는 소식을 들었습니다. 마음 같아서는 크게 동참하고 싶은데 형편이 그렇지 못하니 제가 죄송하고 답답해요. 큰 금액은 아니지만 정성을 모아보겠습니다. 권선문 좀 보내주실 수 있을까요? 스님의 말씀과 활동사진도 함께 있으면 좋겠어요. 저야 스님의 원력을 알지만 모르는 사람들을 위해 필요해요."

순간 '아!' 하고 알아지는 것이 있었다. 불사도 소통이 중요하구나! 지금껏 사람들이 알아서 불사에 동참해 주기를 바랐다. 나의 원력을 보여주지 않았는데 어떻게 그들이 알 수 있으랴! 곧바로 모연 취지 글을 만들고 지금까지의 활동사진을 정리해서 한 권의 권선문을 완성했다. 뒤에는 주소와 이름, 동참금 적을 칸도 만들고 나니 그럴듯했다. 의외로 많은 분들이 소중한 마음을 내주셨다. 작게라도 돕고 싶어하는 한 사람의 순수한 마음이 큰마음으로 꽃을 피우게 되었던 것이다.

그러던 어느 날 화주자 중 한 분이 찾아와서는 화주책을 내려 놓는다.

"스님, 죄송하지만 더는 못하겠어요."

주변에 신심 있는 불자들이 있다며 기꺼이 권선문을 가져간 분이다.

"사람들이 자기는 자기 사찰 불사가 아니면 안 한다고 하네요. 괜히 도반하고 의 상할까봐 더 이상 못하겠어요."

너무 죄송하고 미안하면서 마음이 아프다. 왜 우리는 부처님 법을 전하고 부처님 도량을 만드는데 네 절 내 절을 가르고 있을까? 바라건대, 부처님 가르침 아래 모두가 일불제자라는 큰마음으로 인연 따라 불사의 마음을 모아 이 땅에 불국토를 만들어가기를 바라본다.

캄보디아에 세운
초등학교

어느 날 캄보디아에 있는 도반 선문스님으로부터 전화가 걸려 왔다. 스님은 오래전부터 국제 아동 교육복지를 펴겠다는 원력으로 미국에 건너가 이름 있는 대학에서 어려운 학사, 석사 학위를 당당히 받았다. 그리고 지금은 캄보디아에 있는 불교 NGO 단체 로터스월드(LOTUS WORLD)에서 가정 형편이 어려운 아이들을 사랑으로 돌보며 원력을 펴고 있다.

나는 스님을 '의지의 한국인'이라 부른다. 왜냐하면 그가 큰 포부를 가지고 미국으로 건너 갈 때 재정 형편과 영어 실력을 알기 때문이다. 한마디로 제로였다. 해외 경험이 있는 나로서는 '과연 석사 학위가 가능할까? 미국 생활이 녹록지 않을 텐데……' 하는 걱정이 앞서 말리고 싶었지만 의기충천한 그의 원력에 그저 응원해줄 수밖에 없었다. 그런데, 그 어려운 일을 팔 년 만에 모두 이루고 캄보디아로 향했다.

그런 스님이 뜬금없이 "행님아, 학교 하나 지어주면 안되나?" 한다.

"무슨 학교?" 갑작스런 요구에 살짝 당황스러웠다.

사실, 이미 스님의 부탁으로 코로나로 인해 탁발이 금지되어 어려움을 겪고 있는 캄보디아 스님들에게 매달 식료품을 비롯한 생활필수품비를 모금해서 보내고 있어 조금은 힘든 상황이었다.

지구촌에 갑작스럽게 찾아온 코로나는 탁발수행을 하는 동남아 불교국가 스님들에게 치명적이었다. 특히 동자승들이 많이 기거하는 사찰들은 어린 동자승들에게 끼니조차 줄 수 없어 집으로 돌려보내야 했고 어떤 사찰은 동자승들에게 줄 가사가 없어서 일년 넘게 수계식도 못하고 있다는 안타까운 소식들이 그를 통해 전해왔다.

"스님~ 이곳 상황이 너무 심각해요. 여러 사찰에서 도움을 요청하는데 방법이 없네요. 제가 개인적으로 준비해서 현장에 가보니 쌀은 떨어지고 라면을 먹고 있는 거예요. 반찬도 없이요. 스님이 좀 도와주세요!"

스님의 아픈 마음이 고스란히 전해져와 식료품비와 가사공양비를 열심히 모았다. 빠듯한 사중살림이지만 캄보디아 스님들을 생각하면 뭐라도 해야 했다. 부처님 품속에 들어오면 국가와 민족을 막론하고 누구나 한 가족이지 않나. 그런데 이번에는 학교를 지어달라고 한다.

'에이 뭐야. 나를 키다리아저씨로 아나?' 속으로 중얼거리며 "스님, 나 돈 없어. 한두 푼도 아니고 학교를 지으려면 큰 돈이 있어야지,"

그래도 나의 도반은 막무가내다.

"행님아~ 그래도 어떻게 안 될까? 마을 아이들 380명이 학교를 잘 못다녀요. 자전거라도 있는 아이들은 그래도 나은데 작은 아이들이 더운 날씨 속에 매일 왕복 두 시간이나 흙먼지 속을 걷는다는 건 참으로 힘겨운 일이에요. 그래서 취학연령이 되어도 초등학교를 못가고 있어요. 마을 어른들이 5년 전부터 후원자를 찾고 있는데 안 되나 봐요. 마을에 갈 때마다 어른들이 내 손을 잡고 하소연을 하는데 너무 마음 아파요. 얼마 후에 제가 이곳 소임을 마치고 한국으로 돌아가야 하는데 마을에 학교를 못 지어 준 것이 가장 마음에 걸려요."

그는 무슨 부탁이 있을 때마다 꼭 행님이라 부르며 내 마음을 약하게 만든다. 마음이 무거웠다. 누구에게라도 부탁을 받았을 때 거절을 하게 되면 마음이 불편하다. 며칠을 고민했다.

'그래. 한번 모금을 해볼까. 아이들에게 학교가 생긴다면 얼마나 행복할까. 사는 게 힘들어 학교에 데려다 줄 수 없어 공부를

못시켰다고 자책하는 부모의 심정은 얼마나 아플까.'

결단을 내렸다.

"스님. 그럼 일단 학교 건축기금을 모아 봅시다. 얼마가 걸리든 모아지는 대로 해보죠. 일년이든 이년이든 언젠가는 마련되겠지요. 포기하는 것보다는 나으니까."

나의 말에 도반은 신이 났다. 당장 학교부지에 가서 땅 길이를 재고 교육부 관계자들을 만나고 마을 사람과 땅 고르기 계획을 세운다. 도반의 발걸음이 빨라질수록 나의 기도는 간절해진다. '부처님! 하루 빨리 건축기금이 마련되어 우리 도반이 소임 마치기 전에 학교를 세우는 기쁨을 갖도록 해주세요. 꼭껵 마을 사람들의 희망이 꽃피도록 도와주세요.'

학교 건립 모금을 결정하자마자 사람들의 가슴에 희망과 기쁨이 샘솟는다. 참으로 신기한 것은 모금 시작한 지 이틀째 되는 날, 친구 따라 우연히 선원을 처음 방문한 불자님이 천만 원을 내놓았고 이후 이곳저곳에서 보시가 이어졌다. 마치 캄보디아 꼭껵 마을 사람들의 간절한 소망이 허공계에 울려 선신들이 평소 착한 일을 하고 싶어하는 고운 마음을 가진 사람들을 우리에게 보내주는 듯했다.

세상에, 한 달 만에 목표액의 반이 모아졌다. 우리는 너무 기뺐다. 모은 성금을 캄보디아로 보내니 드디어 마을 사람들이 모여 감동의 착공식을 했다. 기적이 이루어지고 있는 순간이다. 본격적인 공사가 시작되자 마을사람들, 로터스월드 식구들, 교육관계자들, 후원하신 분들 모두 새로운 학교에 대한 설렘으로 환희심이 났다.

그런데 도로가 문제였다. 그동안 작은 시골 마을에서 이런 큰 공사를 한 적이 없다보니 대형 공사차량이 들어갈 수가 없었다. 길은 좁고 곳곳에 구덩이가 파여 있었다. 결국 공사에 앞서 도로포장부터 해야 했다. 흙이 하염없이 들어갔다. 예상하지 못한 금액이 추가되자 이번에는 건축을 맡은 사장님과 마을 사람들, 로터스월드에서 보태겠다고 큰마음을 내었다.

도로포장이 끝나고 본격적인 공사가 시작되었을 때 난데없이 큰 비가 내렸다. 기상 이상 현상으로 건기인데 우기처럼 비가 쏟아져 공사가 다시 중단되었다. 비 때문에 물렁해진 지반에 덤프트럭이 빠져 옴짝달싹을 못한다. 일을 하다보면 이렇듯 예상치 못한 사고들이 생긴다. 망연자실하다가 다시 힘을 냈다. 다들 합심해 커다란 덤프트럭을 3일에 걸쳐 꺼내고 다시 도로공사를 한다. 왜? 학교는 꼭 지어야 하기 때문이다.

우여곡절 끝에 학교 골격이 만들어지고 지붕에 기와가 올라가고 교실바닥이 완성되었다. 전문가의 조언을 받아 벽에 페인

트칠을 마치자 드디어 멋진 학교가 탄생하였다. 미리 채용된 교사들이 아이들 교실을 정성스레 꾸미는 모습을 보면서 눈물이 났다. 고운 마음들이 모여 이 세상에 없던 학교가 만들어진 것이다.

드디어 공사 시작한 지 7개월만에 개교식을 했다. 이후에도 석회질이 많은 물을 먹어야 하는 아이들 건강을 위해 정수시설을 하고 내친 김에 놀이터와 축구장. 도서관도 만들었다.

어떻게 우리가 이렇게 기적을 만들 수 있었는지 생각해본다. 먼저, 마을 아이들을 향한 선문스님의 자비심이 가장 큰 씨앗이 되었다. 물론 아이들에게 좋은 교육환경을 만들어 주고 싶은 어른들의 지극한 사랑도 있었다. 나에게는 도반에 대한 믿음이 있었고 그의 간절함이 나의 간절함이 되었으며 자비로운 한국의 불자들이 기꺼이 마음을 보탰다. '믿음은 도의 근원이고 공덕의 어머니라. 일체 모든 착한 법을 길러낸다(信爲道元功德母라 長養一切諸善法)'는 화엄경의 말씀이 그대로 진리임을 알게 된 소중한 경험이었다.

스님이 아프면
어디로 가나

스님들이 출가할 때는 이 한 목숨 다할 때까지 수행정진하여 깨달음을 얻고 모든 중생을 제도하겠다는 굳은 의지를 다진다. 하지만 금강석보다 단단한 초발심도 몸이 아프면 약해진다. 옛말에 '병은 자랑하라'고 했다. 그러나 스님들은 숨긴다. 수행이 철저하지 못해서 병고가 찾아왔다고 자책하기 때문이다. 병수발하기도 받기도 어렵다. 사중 살림이 바쁘다 보니 병으로 누워 있는 도반을 돌볼 여력이 없고 보살핌 받아야 하는 당사자도 불편해한다. 나도 한때 병든 수행자였다. 암 진단을 받고 서울로 올라왔는데 머물 곳이 없었다. 수술 후도 마찬가지였다. 스님이 아프면 갈 곳이 없다는 것을 그때 처음 알았다.

얼마 전 스님으로부터 한 통의 전화를 받았다. 전화기 너머 들리는 목소리는 예순을 넘긴 듯했다. 신문에서 '나란다수행관' 기사를 보고 전화했다고 한다. 몸이 많이 좋지 않아 서울 큰 병원에서 수술을 받아야 하는데 수술 전후로 머물 곳이 없다고 한다. 수행관에 머물 수 있느냐고 묻는데 난감했다.

나란다수행관에는 방이 6개뿐이다. 5개는 석박사 과정과 포교활동하고 있는 스님이 쓰고 있다. 작고 창문이 없는 방은 서울에 잠깐 다녀가시는 지방 스님들을 위한 객실이다. 그나마 창문 없는 객실은 스님들에게 인기가 좋아 늘 붐빈다. 공간이 없어 스님을 결국 모시지 못하게 되면서 안타까운 마음에 잠을 이루지 못했다. 스님과 똑같은 처지가 되어 힘들었던 나의 지난날도 떠올랐다. 서울 경기도에 절이 몇 군데인데 병든 스님 한 분이 잠시 거처할 곳이 없는가? 어딘가에는 아픈 스님을 편히 쉬게 하고픈 사찰이 있을 것이다. 하지만 그곳이 어디인지 알 수 있는 방법이 없다. 이 일을 계기로 제2 나란다수행관의 필요성을 절감하고 다시 불사를 추진해서 작은 규모이지만 제2수행관을 개원하게 되었다.

모든 걸 내려놓고 부처님만 바라보고 출가했지만 아프면 갈 곳이 없는 현실. 매년 출가자가 줄고 있어 종단이 출가수행 장려운동을 펼치고 있지만 그보다 먼저 기존 출가 수행자들에 대한 보호 시스템 점검이 필요하지 않을까 싶다. 병고와 노후를 걱정하지 않고 수행과 포교에 전념할 수 있는 날을 꿈꾸어 본다.

마음
119센터

부처님 도량을 만든다는 것, 시방세계의 부처님을 모신다는 것은 참으로 환희로운 일이다. 그러나 현실은, 특히 서울에 부처님 도량을 만든다는 것은 여간한 발심으로 가능한 일이 아니다.

오래전 자료이지만 우리나라 종교의 지역별 분포도를 본 적이 있다. 서울시의 종교 분포도에 너무도 놀라 그때 나는 서울 불교를 활성화하겠다는 굳은 결심을 하게 되었다. 서울 시민 4만 5,496명을 표본조사 하였는데 크리스천 인구는 35.7%, 불교는 10.6%였고, 지난 7년간 크리스천 인구는 겨우 1.1% 줄었으나 불자는 5.6%나 급격하게 감소했다. 정말 심각한 일이다. 문제는 우리들이 심각성을 크게 자각하지 못하고 있다는 것이다. 어쩌면 이런 결과는 당연하다고 볼 수밖에 없다.

우리 주변에 교회가 얼마나 많은가? 고개만 돌리면 십자가가 보일 정도다. 그만큼 도처에 가까이에 있다. 내가 아는 의사분의 어머니는 불자셨다. 그러나 지금 그 의사는 기독교인이다. 어느날 마음이 힘들어 길을 걷다가 우연히 마주쳐 들어간 교회에서 위로를 받고 기독교인이 되었다고 한다. 스님을 뵈면 어머니가 생각나지만 어려운 시절 함께해 준 종교가 마음속에 더 크게 자리 잡았다는 것이다.

나는 도심 속의 사찰은 119센터와 같다고 생각한다. 몸에 위급한 상황이 생기면 119를 부르듯 마음에 위급한 상황이 생기면 어떻게 해야 할까? 그 때 우리가 찾는 곳이 사찰이어야 한다. 가장 가까운 위치에서 언제든지 어려움을 함께해 주는 곳이 되어야 한다. 그래서 뜻있는 스님들이 용기 내어 도심 속 포교당을 열고 있으나 3년을 넘기는 경우가 많지 않다.

무엇이 문제일까? 나의 경험으로는 모든 일을 스님 혼자 감당해야 하는 무게감이 가장 큰 원인인 듯하다. 종단 차원의 '전법도량건립회'가 만들어지면 어떨까. 이를테면 서울에 새로운 도량을 건립하고자 하는 원력을 가진 스님과 재가자, 포교사가 한 자리에 만나 생각을 나누고 함께 만들어가면 좋겠다. 포교당을 지역적으로 고루 배치시키고 프로그램도 지역의 특성에 맞게 전략적으로 연구하고 활동한다면 실마리를 얻을 수 있으리라. 스님과 포교사가 짝이 되어 각자의 역할을 분담하고 유기적으로 움직이는 구조가 된다면 서울 포교는 물론 지방의 사찰들도 발전하는 기회가 될 것 같다.

앞으로는 작은 사찰을 활성화하는 데 불교계가 뜻을 모아 주면 좋겠다. 포교를 시작하려고 하는 스님들을 만나면 너무도 반갑다. 부처님도량을 만드는 일은 한 개인의 원력이 아니라 우리 모두의 불사이다. 미세먼지와 매연으로 혼탁한 도심에서 포교당을 열고 고군분투하고 계시는 스님들께 가슴 가득 감사를 보낸다.

"스님들이 운영하는 마음 119센터 덕분에 사람들의 마음이 치유되고 건강하고 따뜻한 세상이 될 것입니다. 파이팅!"

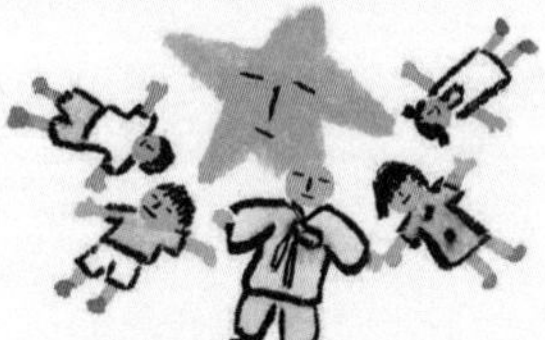

사랑해요 ✦ 꼬마 부처님

선우야, 왜 너만 보면
기분이 좋을까

우리 절을 방문하는 사람들은 크게 세 번 놀란다고 한다. 먼저 비로자나국제선원이라는 이름이 거창해서 규모가 크고 멋진 사찰을 생각하고 왔다가 의외로 작고 아담한 포교당임에 놀란다. 두 번째는 왜인지는 모르겠으나 당연히 비구스님이겠지 하고 왔는데 "어서 오세요." 하고 반길 때 비구니스님임에 놀란다. 세 번째는 작은 포교당임에도 불구하고 진행되는 프로그램이 활발하게 운영되고 있어서 놀란다. 게다가 토요일 오후에는 법당을 운동장 삼아 이리저리 활기차게 뛰어노는 아이들을 보며 또 놀란다.

"스님, 이렇게 법당에서 뛰어다녀도 됩니까?"

"그럼요. 부처님께서 지금 이 자리에 계셔도 아이들에게는 신나게 뛰어다니는 게 좋다고 하셨을 걸요. 아이들에게는 지금 이 순간 재미나는 일이 무엇보다 중요하니까요"

어린이포교는 먼저 아이들의 마음을 읽는 것에서부터 시작된다. '내가 아이라면 즐거운 도량이란 어떤 곳일까? 엄마 손 잡고 가고 싶은 사찰은 어떤 곳일까?' 곰곰이 생각해보아야 한다.

무엇보다 아이들에게 반갑게 인사해 주는 사찰이면 참 좋겠다. 스님과 교사들은 아이들의 이름을 가능한 모두 기억하고 있어야 한다. 아이가 오면 큰 소리로 "00 왔니? 오늘 아주 멋지구나! 더 예뻐졌는걸!" 하고 반갑게 맞이해 주는 것이 중요하다. 그리고 무조건 칭찬할 거리를 찾아서 표현해주자. 비록 작은 것이라도 말이다.

지난 주에는 요즘 선원에 다니게 된 삼남매가 일찌감치 도착했다. 여덟 살 된 막내에게 "선우야, 스님은 왜 너만 보면 기분이 좋을까?" 했더니 "몰라요." 한다. 쌍둥이 누나들에게 물었다. "세빈아, 세영아, 스님은 왜 너희만 보면 기분이 좋을까?" 했더니 "몰라요." 하며 쑥스러워한다. 그때 갑자기 생각난 듯 막내 선우가 외쳤다. "아, 알겠어요." "뭔데?" 물으니 "스님이 우리를 사랑하니까요." 선우의 대답에 우리 모두 "오호~ 맞아!" 하면서 함박웃음을 지었다.

아이들은 누가 자기를 사랑하는지 본능적으로 아는 것 같다. 사람들은 누구나 관심 받고 싶어 한다. 나를 항상 사랑해 주는 곳, 항상 내 편이 되어 주는 곳이 있다면 언제든지 그곳에 가고 싶을 것이다.

선원에 오는 부모님과 대화하다 보면 뜻밖에 아이와의 관계를 힘들어하는 분들이 있다. 그들의 고민을 들어보면 자녀의 행복을 위해 희생을 한다고 하지만 정작 아이의 행복이 아닌 자신의 행복을 위해 아이를 힘들게 하는 경우가 많았다. 진심으로 아이와 소통하고 싶다면 내 아이의 마음이 어떠한지를 먼저 알아야 한다. 선원의 아이들이 일주일 내내 토요일을 손꼽아 기다리는 것도 '사랑'이 아이들을 기다리고 있어서일 것이다.

꼬마 부처님들의
영어담마스쿨

언젠가 도반스님이 길을 걷는데 7살 정도 되는 꼬마가 손가락질을 하며 "사탄!"이라고 소리쳐서 황당했다는 이야기를 들은 적이 있다. 과연 스님들이 사탄일까? 물론 일부 맹신자 말고는 스님을 사탄이라고 생각하지 않을 것이다. 스님들은 부처님 말씀을 공부하고 수행하여 사람들에게 지혜롭고 행복하게 사는 길을 가르쳐 주고자 노력하는 수행자인데 말이다. 그렇다면 왜 사회에서 이 같은 일이 생기는 것일까? 그것은 교육의 문제라고 생각한다. 아직 사고가 성숙되지 않은 어린이들에게 타종교를 나쁘게 생각하게 하는 것은 너무도 잘못된 일이다.

나는 아이들을 사랑한다. 세상의 편견에 물들지 않은 마음에 예쁜 것들만 줄 수 있으면 좋겠다. 너는 틀리고 나는 옳다는 마음이 아닌 서로를 이해하고 노력하는 마음이면 얼마나 좋을까?

자신이 존귀한 만큼 남도 귀한 존재임을 알아야 한다. 어린 시절에 아름다운 것을 보고, 아름다운 소리를 듣고, 아름다운 생각을 하는 것은 참으로 중요하다. 한 번 잘못 새겨진 마음은 평생 자신을 괴롭히기 때문이다.

그래서 비로자나국제선원을 개원하면서 어린이를 위한 영어담마스쿨과 영어담마캠프를 시작했다. 영어담마스쿨은 매주 토요일 오후에 열린다. 아이들이 선원으로 와서 참선과 영어 그리고 부처님 말씀을 배운다. 어려서부터 너와 나는 둘이 아니라는 연기법적 이해를 심어 주고, 생각의 멈춤을 통해 고요함으로 돌아가게 하는 수행 프로그램은 생각보다 아이들에게 많은 변화를 일으킨다. 뿐만 아니라 영어로 프로그램을 진행하다 보면 아이들의 세계관이 넓어지고 캠프 다녀와서 부쩍 영어공부를 열심히 하게 되었다는 후일담도 듣는다.

영어담마캠프는 매년 여름방학 때 방송과 신문 홍보를 통해 모인 70여 명의 아이들과 함께 천년고찰을 찾아 템플 수련회를 하는 프로그램이다. 캠프에서는 주로 재미있는 놀이를 통해 영어와 불교를 배운다. 원어민과 교사들, 자원봉사자와 스님들 20여 명이 아이들의 수업과 활동, 정서적 돌봄을 한다. 교사의 반은 영어가 능숙한 대학생으로 이들은 사전에 교사 교육을 받는다. 캠프의 특성과 주제를 인지하고, 아이들에게 어떻게 불교의 가르침을 쉽고 재미있게 전달할 것인가를 고민한다. 이 과정을 통해서 대학생들은 자신의 생각을 새롭게 정립하기도 하고 학생 지도의 경험으로 자존감이 높아진다. 결국 어린이 포교와 청년 포교를 동시에 하게 되는 것이다.

그 동안 참으로 많은 교사와 아이들을 만났다. 지금까지 영어담마스쿨과 영어담마캠프를 통해 수계를 받고 불자로 태어난 학생들이 천여 명이 넘는다. 오빠들에게 장난감 보물을 빼앗기고 서럽게 울던 여자아이, 친구에게 관심 끌려고 한 서툰 행동이 싸움으로 번져 눈물범벅이 된 남자아이, 누워서 바라보던 별빛에 취해 잠들어버린 꼬마들, 고추장으로 범벅된 시뻘건 비빔밥을 신나게 먹고 입술이 빨개진 아이…… 이랬던 꼬맹이들이 어느새 커서 대학생이 되었고 이제는 캠프 교사를 하겠다며 자원한다.

나는 아이들의 어린 시절 추억 속에 사는 스님이다. 도시에서 살다가 산사에 와서 친구들과 신나게 뛰어놀고 행복한 표정으로 돌아가는 모습은 언제 보아도 흐뭇하다. 영어담마스쿨과 영어담마캠프를 지속해 올 수 있었던 데는 여러 사찰의 도움이 컸다. 가끔은 아이들이 시끄럽다고 해서 대표로 사중 스님들에게 걱정을 듣기도 했지만 대부분 스님들께서 꼬마 부처님들의 왁자지껄 시끄러움을 잘 참아 주셨다. 그래서 마곡사, 법주사, 은해사, 화엄사는 우리에게 정겨운 고향집과 같은 곳이 되었다.

훗날 아이들이 커서 사찰에 들렀을 때 어린 시절 캠프의 추억으로 미소지을 것을 생각하니 흐뭇하다. 올 여름에는 또 어떤 개구쟁이들이 모일까, 벌써 기대된다

영어를 잘하려면
스님이 되어야 해요

토요일 오후 1시. 오늘도 어김없이 쿵쾅거리며 계단을 타고 올라오는 소리가 들린다. 고요했던 선원은 이내 아이들의 유쾌한 웃음으로 가득 채워진다. 영어담마스쿨에서 가장 어린 8살 태용이와 예지의 목소리가 귓가를 울린다.

"스님~ 어디 계세요?"

신기하게도 아이들은 절에 오면 스님부터 찾는다. 스님이 있는지를 확인하고 나서 무엇을 해도 한다. 태용이와 예지는 아기 때부터 친구다. 예지가 엄마를 따라 절에 먼저 오고 태용이도 친구 따라 오게 되었다. 태용이는 목소리가 아주 크다. 혼자 어린이 집회가를 불러도 백 명의 아이들이 부르는 듯한 착각을 일으킬 정도로 우렁차다.

영어 공부 하기 전에 먼저 어린이 집회가, 삼귀의, 참선을 하고 부처님 일생을 듣는다. 이 날은 부처님께서 성 밖을 나가서 늙은 사람을 보고 고통스러워하시는 부분을 이야기했다. 그러고서 잠시 입정하여 어떻게 하면 늙지 않고 살 수 있는지를 부처님처럼 명상했다. 꼬마 부처님들은 예쁘게 좌선 자세를 하고 눈을 감고 잠시 선정에 든다. 잠시 후 아이들을 향해 질문을 한다.

"자, 그럼 어떻게 하면 늙지 않고 살 수 있는지 생각한 것을 이야기해 볼까요? 태용이는 어떻게 생각해?"

태용이는 아주 심각한 표정으로 생각하더니 큰 소리로 대답한다.

"음, 머리를 염색해야 합니다!"

마치 정답이 확실하다는 듯 눈동자도 씩씩하다. 다른 아이들도 그럴 듯한지 감탄을 한다. 아이들이 보는 세상은 섬세하면서도 이유가 있다.

그날 저녁, 태용이 아빠는 아들이 선원에 다녀온 것을 알고 물었다.

"태용아, 오늘 영어담마스쿨에 잘 다녀왔어? 태용이가 생각하기에 영어를 잘하려면 어떻게 하면 될까?"

아빠는 은근히 영어 공부를 열심히 해야 한다는 모범답안을 기대했다.

"네, 스님이 돼야지요."

예상 밖의 대답에 아빠는 당황했다.

"뭐라고? 야, 영어를 잘하는 데 왜 스님이 되어야 하냐?"

그러자 태웅이는 더 말도 안 되는 대답을 했다.

"응, 아빠. 우리 스님이 영어를 엄청 잘하세요. 그러니까 영어 잘하려면 스님이 되어야 해요."

헉! 놀라운 일이다. 아이에게 나는 세상에 태어나 처음 만난 스님이고 스님이란 존재를 대표하고 있었다. '영어를 잘하려면 스님이 되어야 하는구나' 하는 저만의 세상에 대한 이해가 생긴 것이다.

아이들에게는 자라면서 만나는 사람이 세상의 전부가 된다. 그래서 좋은 벗, 좋은 인연을 심어주는 것이 중요하다. 어려서 부터 익숙해진 문화는 당연하게 받아들여지고 그들 삶의 목표가 되기 때문이다.

7살 꼬마의
코 묻은 공양금

7살 병주는 어린이 영어담마스쿨에 다니는 아이다. 우리는 인터넷을 통해서 만난 사이다. 언젠가 강화도 연등국제선원으로 가는 템플스테이 홍보를 보고 참가 신청한 것이 인연이 되었다. 이 가족은 아주 특별했다. 아빠, 엄마, 아이 이렇게 셋이 왔는데 공양을 할 때 보면 3명 다 따로 먹는다. 일반적으로는 엄마가 아이나 남편을 챙기기 바쁜데 말이다. 의아해서 물어보았다.

"왜 이렇게 가족이 따로 먹어요?"

"스님, 우리는 이곳에서 서로의 시간을 존중하기로 했어요. 각자 하고 싶은 대로 하기로요. 제가 꼭 챙기지 않아도 우리 아들은 잘 먹어요. 보세요." 하고 함박 웃음을 짓는다.

"맞아요. 저는 혼자서 할 수 있어요."

건너편에서 친구들과 공양 중인 7살 아들이 씩씩하게 말한다. 그 옆에서 남편도 빙그레 웃으며 고개를 끄덕인다. 이 가족은 아주 경쾌하고 발랄했다.

영어담마스쿨은 1부, 2부로 나뉘어 진행된다. 1부는 1시 30분부터 1시간 동안 7세부터 10세까지 공부하고 2부는 10세부터 14세까지 공부한다. 순서에 따라 어린이 집회가와 삼귀의를 한 후 참선을 하고 각자의 영어 수준에 따라 수업한다. 수업을 마치고 나면 다같이 모여 사홍서원과 산회가로 끝난다. 병주는 ABC부터 이곳 영어담마스쿨에서 배우기 시작했다.

6개월 정도 담마스쿨에 나오던 병주가 어느 날 내게 와서 귓속말로 자랑한다.

"스님, 저 돈 아주 많아요." 하며 뭔가 다부진 눈빛이다.

"그래? 좋겠네. 그럼 스님도 좀 주라~" 장난기가 발동하여 말했더니 "네. 그럼 100만 원 되는 날 제가 반 드릴게요." 덜컥 약속한다.

"정말? 그래, 좋아."

그렇게 아이는 새끼손가락을 걸고 약속했다. 하지만 아이가 그냥 하는 말이라고 생각했다.

어느 토요일 오후 병주가 큰소리로 나를 부르며 달려온다.

"스님! 스님! 저 모은 돈이 정말 100만 원 되었어요. 저 초등학교 입학한다고 할머니랑 외할머니랑 돈을 많이 주셨거든요. 제가 반 드린다고 약속했으니까 드릴게요."

"그래? 굉장한데! 그런데 너희 엄마 아빠가 스님에게 그만큼 보시한다고 하면 놀라실 텐데, 어쩌지? 부모님께 한번 여쭤봐."

이번에도 아이가 생각없이 하는 말이려니 하고 넘겼다. 다음 주 병주가 환한 얼굴로 달려와 내 품에 안긴다.

"스님! 기뻐하세요. 엄마 아빠가 약속은 꼭 지켜야 하는 거라고 스님께 드려도 된데요."

감동적이다. 그리고 얼마의 시간이 지났다. 어느 날 외부 법문 요청으로 선원을 비운 날 병주와 엄마가 다녀갔다. 나를 만나지 못하자 메시지를 남겨 두었다.

'스님~ 저희 다녀갑니다. 병주가 불전함에 보시금 넣었어요. 열어보세요. 스님을 뵐 수 있었으면 더 좋았을 텐데……'

나는 미안한 마음으로 불전함을 열었다. 두둑한 봉투에는 서툰 글씨로 '스님께'라고 정겹게 쓰여 있다. 설마 7살 아이가 50만 원을 진짜 보시했을까? 봉투를 열어본 나는 놀랐다.

이제 겨우 초등학교 1학년 아이가 삐뚤삐뚤 쓴 한 장의 편지에 가슴이 먹먹해졌다.

'스님, 사랑해요. 오래오래 사세요. 병주가.'

한글을 겨우 뗀 아이에게 받은 50만 원의 불전! 순간 눈물이 핑 돌았다. 감사하고, 기특했다. 며칠 지났을 때 병주 엄마가 말했다.

"스님, 병주가 스님이 기뻐하실 생각만 해도 너무너무 행복하다고 했어요."

당시는 도심 포교당을 연 지 1년이 채 되지 않은 때라 살림이 넉넉하지 않았고 신도들 중에도 그렇게 많은 보시금을 내는 사람이 없었다.

'7살 꼬마의 코 묻은 공양금!'

감동적이면서도 미안한 것은 왜일까? 어린이 포교를 하면서 가끔 지칠 때가 있다. '이제 그만 할까?' 하다가도 함박웃음으로 내 곁을 지키는 개구쟁이 꼬마들을 보면 나도 모르게 힘이 난다. 전 재산의 반을 보시하는 기특한 마음을 일으킨 아이, 지금도 절에 오면 커다란 덩치로 내 품에 안기는 병주는 사이버 보안과에서 공부하는 멋진 대학생으로 성장했다.

너무도 귀여운
캠프 말썽꾸러기들

이번 캠프에는 또 어떤 아이들을 만나게 될까? 매년 열리는 영어담마캠프지만 접수가 시작되는 두 달 전부터 나의 가슴은 두근거리기 시작한다. 작년에 왔던 아이들은 또 얼마나 자랐을까? 혼자서 상상의 나래를 펼쳐본다.

드디어 캠프 장소로 출발하는 날 아침, 아이들 만큼이나 내 마음도 설렌다. 개구쟁이들이 하나둘 도착한다. "스님! 저는 어제 밤에 스님 만날 생각을 하면서 잠을 잘 수 없었어요."

지난 캠프 때 말썽꾸러기로 등극한 종민이의 한 마디에 어느새 내 마음은 녹아내린다. 정말 특이한 것이 말썽꾸러기들이 꼭 다음 캠프에도 참가한다는 것이다. 참으로 묘한 일이 아닐 수 없다. 친구를 괴롭히고 놀리고 신나게 말썽 피워 교사들이 혀를 내둘렀던 아이일수록 가장 먼저 다음 캠프를 신청하고 제일 먼저 신나게 버스에 올라탄다.

올해는 나의 출가본사인 팔공산 은해사로 캠프를 떠난다. 아이들에게 아름다운 고찰 은해사를 비롯하여 오래전 행자 시절을 보낸 백흥암을 보여주고 싶은 마음이었다. 또, 두 해 전 선원으로 걸려온 한 통의 전화 때문이기도 하다.

"스님예, 우리 아이 캠프에 보내고 싶은데 너무 멀어예. 언제 대구 근처에서도 한번 해주이소~" 어머니의 목소리가 너무 간절해서 언젠가는 꼭 대구 인근에서 캠프를 해야지 했었다.

캠프에는 아이들 60~70명과 교사 30명, 합해서 100명의 인원이 움직인다. 캠프 내내 나를 비롯한 교사들은 '어떻게 하면 아이들 마음속에 아름다운 추억을 만들어 줄 수 있을까?'가 화두가 된다. 프로그램기획 단계에서부터 즐거워할 아이들을 생각하면 환희심이 솟아오른다.

드디어 버스가 은해사로 출발했다. 차에서 간단한 아침 식사를 하면서 각 팀을 구분하는 색깔 팔찌가 주어진다. 영어로 된 팀명은 보살의 실천 수행법인 '육바라밀'로, Energy(정진), Patience(인욕), Giving(보시), Morality(지계), Wisdom(지혜), Meditation(선정)이다.

다음으로 외국인 교사인 캐더린과 라노의 지도 아래 영어로 된 캠프 노래 두 곡을 배운다. 아이들은 잘 안 되는 발음을 흉내 내며 열심히 따라 한다. 선생님들이 일일이 안전벨트를 확인했지만 돌아서기가 무섭게 아이들은 의자 위를 넘나들며 장난친다. 은해사까지 가면서 캠프 준비로 부족한 잠을 보충할 수 있을까 기대했던 것은 나의 착각이었다. 혹여 아이들이 다칠까봐 노심초사 하지만 부모님의 잔소리에서 벗어난 아이들은 모처럼의 자유를 만끽하는 중이다. 그런데, 순간 아이들이 거짓말처럼 잠잠해졌다. 전전긍긍하는 교사들이 안쓰러웠는지 버스 기사님이 만화영화 '볼트(Bolt)'를 틀었던 것이다. 아, 만화영화의 위력이여!

부지런히 달려 도착한 은해사. 버스에서 내려 일주문을 통과한다. 소나무 숲길을 따라 흐르는 작은 시내에 물고기들이 힘차게 헤엄치며 아이들을 반긴다. 시냇물이 흐르는 산에는 지혜로운 사람들이 산다는 옛말이 있다. 아이들이 5박 6일의 캠프를 통하여 지혜로운 사람이 되도록 최선을 다할 것을 다짐하며 팔공산에 계시는 불보살님들께 지극한 합장을 올렸다.

개구쟁이들과
백흥암 가는 길

캠프 기상시간은 새벽 4시 30분이다. 집에서라면 한참 꿈나라에 있을 시간인데도 곧잘 일어난다. 졸린 눈을 비비면서 세수하고 캠프복으로 갈아입는 녀석들이 기특하다. 하지만 어제 온종일 도량의 청개구리를 쫓아 다니며 노느라 수업을 빼먹은 강주는 아직도 이불 속에서 일어나지 못하고 있다. 선생님과 친구들도 '강주 깨우기'를 포기하고 설법전으로 갔다. 여섯 분의 스님들이 가사 장삼을 수하고 예불을 이끌어가면 아이들도 목청껏 큰 소리로 예불을 올린다.

예불이 끝나고 한참 재미있는 이야기를 들려주고 있는데 혜윤이가 "스님, 얘가 괴롭혀요." 한다.

'아니, 새벽부터 장난치는 녀석이 도대체 누구야?' 하고 자세히 보니 강주다.

"강주! 너 언제 왔니?"

그렇게 깨워도 일어나지 않던 녀석이 어느새 법당으로 슬그머니 들어와 뒤에서 씨익~ 웃고 있다.

오늘은 아침부터 백흥암 산행이 있는 날이다. 우리는 일찌감치 아침을 먹고 한 자리에 모여 얼굴에 재피 잎을 붙였다. 요즘 아이들은 벌레 많은 숲속을 걷는 것에 두려움이 있다. 도시의 콘크리트 숲에 살면서 움직이는 곤충을 거의 본 적이 없는 터라 여치 한 마리만 방에 들어와도 난리가 나고 바깥 화장실 가는 것도 무서워한다. 그런데 재피 잎을 붙이면 몸에 날파리나 모기 같은 곤충이 달려들지 않는다는 봉사자 보살님의 말을 듣고 우리는 인디언처럼 재피 잎을 얼굴에 다닥다닥 붙이고 신나게 출발했다. 여름숲은 무성해서 생각보다 덥지 않고 시원했다.

백흥암은 얼마 전 '길 위에서'라는 다큐 영화로 많이 알려진 은해사 산내 암자다. 아이들에게 이곳은 나의 은사스님이 사시는 곳이며 내가 스님이 된 절이라고 말했더니 호기심에 가득 찬 눈빛이다. 1시간이나 걸어 올라가야 하는 길이라 군데군데 물을 마시고 게임을 할 수 있도록 준비했다. 저학년 중 몸이 약한 아이들은 차로 이동했다.

백흥암은 비구니스님들의 선방이고 지금은 여름 안거 중이다. 아주 조용히 해야 한다. 아이들의 소란스러움으로 스님들의 고요한 선정을 깰 수는 없다. 조용조용할 것을 몇 번씩 당부하고 백홍암 도량에 들어섰다. 극락전으로 향하는 길목에 있는 선방에는 20여 명의 스님들이 정진하고 계신다. 감사하게도 살금살금 숨죽인 아이들의 발걸음에서는 작은 소리도 나지 않는다. 60여 명의 개구쟁이들에게는 기적과 같은 일이다.

우리는 극락전을 참배하고 넓은 보화루에 앉아 잠시 명상에 들었다. 죽비소리가 나고 방선 시간이 되자 선원장이신 은사스님께서 나오셨다. 모두 스님께 삼배를 드리고 나서 "여러분! 저의 은사스님이셔요. 궁금한 것이 있으면 뭐든 여쭤 보세요." 했더니 여기저기서 아이들이 손을 든다.

"스님! 자우 스님 말썽 많이 피웠어요?"

첫 번째 질문에 은사스님께서 웃으시며 "얘들은 자우스님한테 관심이 많은가봐." 하신다. 종잡을 수 없이 쏟아지는 아이들의 질문에도 은사스님은 환하게 웃으며 답을 해주신다. 한참만에야 밖으로 나온 우리는 백홍암에서 정성스럽게 준비해 준 시원한 수박을 먹고 산을 내려온다. 아이들의 발걸음이 바빠진다. 서로 빨리 내려가겠다고 숲을 내달리는 신나는 천진불들이다.

부디 아이들 마음속에 짙푸른 여름산과 고요한 도량, 아름다운 꽃들, 좌선하는 스님들의 모습이 오래토록 남아 있었으면 좋겠다.

별빛 명상,
고마워요

캠프에서 아이들의 침묵을 기대하는 것은 불가능에 가까운 일이다. 특히 별빛 명상에서 그러했다. 우리는 저녁을 먹고 샤워를 마친 후 영어일기를 먼저 쓴 다음 밤이 깊어가기를 기다렸다. 설법전에 모였다가 나가서 한 줄로 조용히 도량을 걷는 것이 원래의 계획이었다. 고요함이 무르익었을 때쯤 미리 준비된 돗자리에 몸을 누이고 별을 보기로 한 것이다.

시골에서 자란 나는 여름밤 가족들과 밭일을 끝내고 터덕터덕 걸어오다 우연히 보게 된 무수한 별빛을 지금도 잊을 수 없다. 멀리 마을의 불빛이 희미하게 보이고 깜깜한 밤하늘에 쏟아져 내리던 별빛의 아름다움에 숨이 막힐 듯한 감동을 받곤 했다. 지금도 가끔 저녁 산책을 할 때면 어릴 때 보았던 영롱한 별빛과 밤하늘에 울려 퍼지던 형제들의 웃음소리가 떠올라 절로 미소가 지어진다. 나는 별빛명상을 준비하면서 도시에서 자란 아이들이 하늘의 별빛을 가슴에 소중하게 담아 가기를 바랐다.

그런데 나의 바람은 크게 어긋나 버렸다. 아이들은 고요한 명상의 세계로 들어가질 못했다. 낮에 보물찾기에서 나눠준 응원봉이 문제였다. 아이들은 반짝반짝 불이 들어오고 색깔이 열두 가지로 변하는 응원봉을 받자마자 하루 종일 들고 다니더니 밤이 되자 더 신이 나서 별빛명상인지 뭔지는 관심도 없다. 아예 응원봉을 손에서 놓지 않는다. 별빛명상은 불빛 하나 없이 깜깜해야 하는데 몇몇 개구쟁이들은 끝까지 불을 켜고 있다. 결국 아이들은 응원봉을 압수당하고야 포기하는 상황이 되었다.

잠시 후, 여름밤 산사의 정취를 느낄 수 있도록 아이들을 조금 걷게 한 다음 준비된 돗자리에 모두 눕게 했다. 자리에 누우면서도 아이들은 토닥토닥 다투고 떠든다. 결국 별빛명상은 나의 조용히 하라는 소리로 시작해서 조용히 하라는 소리로 끝난 것 같다. 마음이 불편했다. 작년에 멋있었던 법주사 별빛명상 캠프를 생각하며 이번에도 아이들에게 감동적인 순간을 선사하고 싶었는데…….

숙소로 돌아가는 길에 무견스님이 살그머니 다가왔다.

"스님, 아이들이 조용하기를 바라는 것은 욕심이죠. 그냥 아이들이 떠들면서 별을 바라보도록 했으면 좋았을 걸 그랬어요."

'그래, 맞아. 내가 욕심을 부렸구나' 아이들에게 미안한 마음

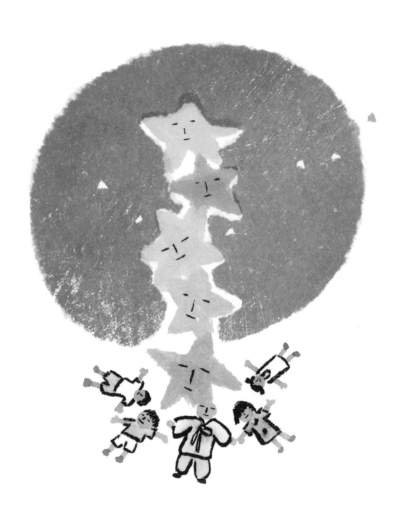

이 들었다. 사람들은 자기 방식대로 사랑한다. 나 또한 예외는 아니었다. 명상이라고 해서 꼭 조용히 하라는 법이 있나? 그렇다. 진정한 자비란 내가 주고 싶은 것보다 상대가 원하는 것을 주는 것이다. 사랑한다면 내 마음의 소리보다 상대 마음의 소리에 귀를 기울여야 한다.

다음 날 아침, 공양하러 가는데 지방에서 참석한 상호가 불쑥 다가와 말을 건넨다.

"스님은 좋으시겠어요."

"왜?"

"너무너무 멋진 곳에 사시니까요. 저는 어젯밤에 하늘에 별이 이렇게 많은 줄 처음 알았어요."

순간 행복했다. '아, 너의 마음속에 아름다운 별빛이 들어갔구나! 언젠가 삶이 너를 힘들게 할 때 부디 그 별빛을 꺼내어 보렴. 그런데 스님도 사실 이곳에 살지 않아. 내가 서울에 살면서도 행복한 것은 가슴속에 산사가 있고 아름다운 별빛이 늘 함께하기 때문이지.'

뉴스에서 130년 만에 볼 수 있는 별똥별 우주쇼가 있다는 반가운 소식을 듣고 우리는 새벽에 유성우를 보기 위해 다시 절마당에 돗자리를 깔고 누웠다. 하늘에서 별똥별이 뚝뚝 떨어진다. 아이들은 이곳저곳에서 함성이다.

"와~ 또 떨어진다~"

하늘에서 별똥별이 떨어질 때마다 소원 비는 것도 잊지 않았다. 아이들과 누워 별을 보며 노래 부르다 보니 어느덧 아침이 밝아 오고 산사의 전각들이 서서히 모습을 드러내기 시작한다. 부디 아이들의 가슴속에 은해사 밤하늘의 별빛이 오래 반짝이길 기원한다.

악동들의
108배 참회

이번 영어담마캠프는 시작부터 느낌이 좋다. 그 중에서도 외국인 교사들의 밝고 적극적인 참여가 전체 분위기를 즐겁게 만들었다. 외국인 교사들은 연수가 있는 날도 누구보다 일찍 도착했다. 서먹할 수 있는 분위기가 캠프송을 배우면서 흥겨워지기 시작한다. 노래 지도는 불교계 유일의 혼성4부 중창단인 LMB 싱어즈 단원이 해주었다. 서로 다른 인연으로 캠프에 합류한 18명의 교사와 12명의 봉사자들은 이번 캠프의 주제인 Mindfulness(마음모으기)와 관련된 'Breathing in, Breathing out' 노래를 배우면서 자연스럽게 하나가 되었다.

Breathing in, breathing out (숨을 들이쉬고, 내쉬고)

Breathing in, breathing out (숨을 들이쉬고, 내쉬고)

I am blooming as a flower (나는 한 송이 꽃처럼 피어나고)

I am fresh as the dew (나는 이슬처럼 신선합니다)

I am solid as a mountain (나는 산처럼 단단하고)

I am firm as the Earth (나는 지구처럼 단단합니다)

I am free (나는 자유롭습니다)

아이들이 이렇게 아름다운 노래를 부르면서 마음꽃을 피울 생각을 하니 기쁨이 밀려온다. 이번에 교사로 참가하는 캐더린은 현재 동국대학교에서 영어를 가르치고 있다. 아이들을 좋아하고 불교에 관심이 많아서 캠프에 자원했단다. 안나 마리아는 헝가리 대사관에서 근무하는데 한국 문화를 좋아하고 한국어에 능통하며 특히 불교를 좋아한다. 라노(Rano)는 카자흐스탄에서 서울대학교에 온 교환학생이다. 연등축제에서 외국인 서포터즈로 활약하면서 사찰 생활에 호감을 갖게 되어 지원했다고 한다.

영어담마캠프를 매년 진행하면서 느끼는 것은 교사가 원어민이냐 아니냐가 중요한 것이 아니라 아이들에 대한 사랑과 불교에 대한 호감이 우선이라는 것이다. 입재식과 사찰 안내를 시작으로 친구 사귀기 시간을 통해 친해진 아이들은 금방 형, 아우가 된다. 핸드폰이 금지된 상황에서 아이들은 서로에 대해 관심을 표현하는 방법이 서툴다. 친구에 대한 관심을 놀리거나 괴롭히는 것으로 표현하다 보니 쉽게 다툼으로 번지기도 한다. 분쟁을 말리고 돌아서기가 바쁘다.

이런 상황을 어떻게 해결해야 할까, 고민 끝에 벌칙을 정했다. 친구를 놀리거나 욕하거나 싸우면 108배를 해야 한다고 하니 모두 눈이 휘둥그레진다. 그렇게 벌칙을 정했음에도 프로그램 사이 쉬는 시간에 4명의 아이들이 아이 하나를 두고 놀렸다. 또 한쪽에서는 남자아이들이 작은 물건으로 다투었다. 오후 일정이 끝나고 극락보전에 108배 벌칙을 받으러 오라고 했더니 그때 교사인 안나가 자기도 108배를 함께 하겠다고 자원했다. 그럼 아이들이 해야 하는 절을 줄여 주겠다고 했더니 캐더린도 동참하겠단다.

"안나 선생님과 캐더린 선생님이 더운 날씨에 너희들 108배 하는 것이 안쓰러워 함께 해주신대요. 선생님들이 하시는 만큼 벌 받을 친구들 절을 줄여 줄게요. 혹시 선생님처럼 친구를 위해 108배를 함께 나누어 할 사람 있나요?"

나는 속으로 '과연 이 개구쟁이들이 할까? 37도가 넘는 이 더위에?' 생각했다.

3명의 아이가 손을 번쩍 든다.

"스님, 저요."

'와~ 기특하네. 친구를 대신해 함께 108배를 하겠다니……'

"그래 이름을 적어 보자!" 하니 아이들이 너도나도 같이 하겠다고 손을 든다. 감동적이다. 먼저 마음을 낸 안나가 참으로 고맙다. 법당에 6명의 악동들과 친구를 돕겠다는 10명의 꼬마들 그리고 외국인 교사 2명이 모였다.

내가 죽비를 잡고 모두 큰소리로 '지심귀명례 석가모니불~'을 외치며 참회의 절을 했다. 어느새 땀이 줄줄 흐른다. 도량을 울리는 아이들의 목소리를 듣고 불단 위의 부처님은 빙그레 미소 지으신다. 마음이 뿌듯하다. 친구를 배려하는 소중한 마음들이 캠프를 통해 생겼다고 생각하니 그동안의 피로감이 순간에 사라진다.

캠프가 끝나고 한달쯤 지난 토요일, 영어담마스쿨에 나온 영수가 억울한 표정으로 내게 다가와서 하소연한다, "스님, 캠프 때 괜히 108배를 해주었어요. 제가 같이 절해주었는데도 기영이가 오늘 또 나를 골렸거든요." 이 사랑스런 나의 말썽꾸러기들을 어찌해야 할까?

너의 손을
놓지 않을게

십수 년 동안 여름캠프를 하면서 아이들을 처음 데려 간 곳도 아이들에게 가장 신나는 놀이터가 된 곳도 마곡사다. 서울에서 가까운데다 절 옆을 흐르는 개울물이 그리 깊지 않아 안전했고 도랑 구석구석 아이들 마음을 스릴 있게 훔칠 수 있는 곳이기도 하다.

　그중에서도 개울물 위에 놓여진 돌징검다리는 아이들에게 단연 인기 만점이었다. 혹여 돌에서 미끄러져 다칠까 염려하는 교사들의 마음을 뒤로 하고 개구장이들은 마술에 걸린 해리포터라도 된 양 징검다리만 보면 서로 건너겠다고 앞을 다툰다. 그래서인지 '눈 가리고 마음보기' 프로그램을 참 좋아했다. '눈 가리고 마음보기'는 한 아이가 안대로 두 눈을 가리고 앞이 보이지 않은 상태에서 오로지 친구의 말과 손에 의지해 개울을 건너는 게임이다.

"자, 드디어 개울이야. 조심해. 오른발을 들어서 앞으로 조금만 내려놓아. 그렇지."

눈을 가린 아이는 친구의 손을 잡고 그의 말을 따라 한걸음씩 앞으로 나아간다. 안대를 하고 징검다리를 건너는 친구가 물에 빠지기라도 할까봐 아이들의 목청은 커져만 간다.

"안돼, 멈춰. 그 쪽은 물이야. 내 손을 꼭 잡아."

아이들은 자신의 가이드와 달리 엉뚱한 방향으로 움직이려는 친구를 보며 정확한 소통이 얼마나 중요한가를 체험한다. 다시 호흡을 가다듬고 부드러운 음성으로 천천히 알려주며 여유와 인내를 배운다. 드디어 개울을 무사히 건넌 팀들은 손을 맞잡고 환호성을 지른다. 징검다리를 건너는 작은 놀이를 통해서도 서로 믿고 합심하면 어떤 일이든 해낼 수 있다는 소중한 경험이 생긴 것이다.

다음날 이른 아침 공양하러 가는 길에 어린 민주가 다가오더니 말을 건넨다.

"스님, 우리 징검다리로 건너가면 안돼요?"

"에이, 좀 위험한데…… 그냥 큰길로 가자."

"스님~~ 한 번만요. 어제 너무 재미있었단 말이에요."

아이들은 신기하다. 어른들이 불안해 하는 것들만 좋아한다.

간절한 눈빛에 마음이 홀라당 넘어갔다.

"그래. 이번 한 번이야. 위험하니까 너 혼자서는 안 돼." 하며 아이의 손을 잡는다.

"네~" 아이의 얼굴에 설렘과 긴장이 동시에 스쳐간다.

"근데 스님~ 제 손 놓지 마세요!"

아이는 발 아래로 흐르는 작은 물살에도 몸을 움츠리며 잡은 손에 꽉 힘을 준다.

"그래. 민주야. 너의 손을 놓지 않을게."

아이의 손에서 따뜻한 온기가 전해진다.

'이 풀잎같은 손이 자라 언젠가는 세상을 돌보는 큰 손이 되겠지. 민주야, 앞으로 힘든 일을 만나면 징검다리를 건너던 이 순간을 기억하렴. 그리고 스님이 언제나 네 손을 잡고 있다는 걸 잊지 말았음 좋겠다.'

담마캠프 교사가 된
개구쟁이들

매년 여름방학 때마다 영어담마캠프를 치르면서 초등학교 2, 3학년이던 아이들이 어느새 대학생 형, 누나로 자라났다. 캠프를 빠짐없이 다니고 중학생이 되어 캠프 졸업 선물을 받을 때 "저는 나중에 대학생 되면 꼭 캠프 선생님으로 올 거예요."라고 소감을 밝히며 아쉬움을 나누었던 아이들이다. 그중 똘망한 윤경이는 엄마가 말을 안 듣는 자기에게 화를 내자 "엄마! 화내는 이놈이 뭣꼬? 해보세요."라고 해서 엄마를 놀래켰던 귀여운 천진불이다. 이런 아이들이 모두 캠프 교사로 자원을 했다.

이들이 캠프에 참가할 어린이들을 위해 게임과 수업을 궁리하고 캠프 노래에 맞추어 신나게 율동 연습을 하는 것은 아이들의 마음을 누구보다도 잘 알기 때문이다. 스님에게 꾸중 듣고 벌 받았던 개구쟁이가 이제 교사가 되어 자기보다 더 개구진 동생들의 싸움을 말리고 속상한 얘기들을 들어주는 것을 보면 참

신통방통하다.

매번 70여 명의 아이들과 함께 3박 4일 혹은 5박 6일 전국 고찰을 다니다 보면 많은 일이 생긴다. 20여 명의 교사들은 안전한 진행을 위해 늘 깨어 있어야 한다. 아이들이 즐거운 추억을 만들어가도록, 자신을 사랑하고 산사의 아름다움을 가슴에 담아가도록 혼신의 힘을 쏟는다. 교사들은 추억 속의 그 시절로 돌아가 지금 아이들 마음을 읽고 온몸을 던져 신나게 놀아준다.

"스님! 신기해요. 민석이는 어쩌면 제 어릴 때와 똑같을까요? 문득 그때 선생님들께 죄송한 마음이 들어요." 쑥스럽게 웃는 교사도 있다. 캠프를 통해 사랑을 받았던 아이들이 어느덧 사랑을 주는 어른이 되어 가고 있다. 이것이 캠프를 하면서 가장 보람 느끼는 순간이다.

요즘 어린이법회가 갈수록 줄어들고 있다는 얘기를 듣는다. 오늘도 전국 곳곳에서 아이들을 위해 헌신하는 스님들과 선생님들께 진심으로 감사의 합장을 올리며 사찰마다 귀여운 선재동자들을 보듬는 마음이 더욱 꽃피기를 소망해 본다.

생기 넘치는
대학생법회 '성불회'

빛나는 청춘 20대 젊은이들과 갖는 고요한 시간. 이곳은 성신 여자대학교 불교동아리 '성불회'다. 나는 매주 수요일 저녁이면 설렘 가득 안고 대학캠퍼스 불교동아리방을 찾는다. 오늘은 또 어떤 친구가 호기심 어린 눈빛으로 나타날까?

대학생들은 예불을 마치고 법문 전에 갖는 10분 명상 시간을 참 좋아한다. 가부좌를 하고 허리를 곧게 세운 다음 가슴을 활짝 펴고 오롯이 멈춤의 시간을 갖는다. 고요히 호흡을 바라보며 젊음조차 잠시 쉬어본다. 시간과 공간도 잊고 가만히 호흡을 지켜보면서 순간을 느끼고 순간을 살아본다.

명상이 끝난 후 학생들의 소감을 들어보면 대부분 마음이 편안해졌다, 생각이 고요를 방해하는 것을 보았다, 졸음이 오려고 했다, 시간이 길게 느껴졌다는 등 각자 느끼고 보았던 마음을 꺼내 놓는다. 대학생들과 함께 하는 명상은 순수함이 있어 좋다.

이번 주에는 처음 온 학생이 있어서 '장점 찾아서 칭찬해 주기'와 '남의 칭찬 잘 받아들이기'를 진행했다. 평소 사람을 볼 때 장점을 먼저 보는 습관을 익히다 보면 점차 긍정적인 사고를 하게 되고 그 사람을 좋아하게 된다는 것, 그리고 남이 나에게 해 주는 칭찬을 감사하게 받아들일 수 있어야 내 마음의 부처를 볼 수 있다는 것을 몸으로 익히는 시간이다. 이렇게 하다보면 젊음 뒤에 가려져 있던 불안과 긴장이 조금씩 사라지고 얼굴에 웃음꽃이 피어난다.

학생들은 부처님 가르침을 통해 조금씩 삶의 지혜를 알아가고 있다. 처음 법회를 맡으면서 불교동아리에 가입하게 된 동기를 물었던 기억이 난다. 뜻밖에 많은 학생들의 대답은 "엄마를 이해해보고 싶어서요."였다.

"엄마가 시간만 나면 법복을 입고 절에 가셔요. 그런데 왜 좋은지는 설명해 주지 않아 궁금했어요."

그러던 학생들이 불교동아리 법회 활동을 통해 엄마가 사찰에 가서 찾은 마음의 행복을 이해하게 되고 엄마처럼 불교를 사랑하는 사람이 되어 가고 있다. 사랑하는 자녀가 부처님 법을 만나 자유롭고 행복하게 살기를 바라는 엄마의 기도가 대학생 불교동아리에서 이루어지고 있음이 감사하다.

아름다운

인연들

안녕!
구피 부처님

우리 절에는 반듯한 상호를 가졌는데 스스로 못생겼다고 말하는 귀여운 스님이 있다. 어느 날 외출에서 돌아온 스님 손에 '구피'라는 물고기 4마리가 들려 있었다. 붕어보다도 작은 열대어다. 한 마리는 아주 아름다운 빛깔을 지닌 수놈이고 세 마리는 회색빛의 암놈이다. 구피들에게 이름을 지어 주었다. 수놈은 상남자 구피라는 뜻으로 '상구'라 하고, 암놈들은 일자, 이자, 삼자라고 이름을 붙여 주니 더 정이 간다. 사실 개인적으로 동물 기르는 것을 좋아하지 않는다. 하지만 일단 인연이 되면 아무리 하찮은 존재라도 가족처럼 돌본다.

　구피를 데려온 스님은 그 중 배가 볼록한 구피를 보고 곧 새끼를 낳을 것이라 했다. 놀랍게도 다음날 저녁 거실 불을 끄기 전에 물고기들에게 인사하며 통을 들여다보니 무언가 물 표면에 꼬물거리는 것이 있다. 그 사이 새끼를 낳은 것이다. 은근히 무언가 좋은 일이 생길 것 같은 기대감이 밀려온다.

구피는 자기 새끼도 잡아먹는 습성이 있다고 해서 어미를 분리하기 위해 컵으로 잘 떠냈다. '와~' 7마리나 된다. 새끼들에게도 이름을 지었다. 일순이, 이순이, 삼순이……. 그리고 내 책상 노트북 옆, 안이 들여다 보이는 유리통에 새끼들을 넣었다. 어느새 물고기 11마리가 선원 식구가 되었다.

아주 작은 아기 구피들이 꼬물꼬물 헤엄을 친다. 참으로 신비롭다. 일을 하다가도 자꾸 눈이 간다. 좁쌀만한 아이들이지만 움직일 때마다 나에게 커다란 에너지를 준다. 왜일까? 생명이라는 것은 이런 의미인가 보다. 작은 새끼들인데도 각각 있을 것은 다 있다. 지느러미, 꼬리, 눈……. 작은 몸을 빠르게 움직일 때마다 참으로 기특하다. '부처님께서 모든 존재들에게는 불성이 있다고 하셨어. 이 작은 구피 새끼들도 다 부처님이거든!' 새삼 놀랍다.

매일 아침 아기 구피들에게 물고기밥을 주고 통을 '톡톡' 친다. 그러면 온몸으로 소리를 듣고 달려와서 밥을 먹는다. 움직임이 점점 힘차진다. '일곱 마리의 아기 부처님들! 안녕~ 구피 부처님~' 하고 인사할 때마다 존재의 소중함을 느낀다. 한 티끌 속에 온 우주가 담겨 있듯이 아무리 하찮은 존재라도 하찮은 것이 아니다. 작은 구피들도 나중에는 어미가 될 것이다. 그리고 또 새끼들을 낳을 것이다. 이처럼 우리의 한 생각이 당장은 미미해 보일지라도 세상에 커다란 영향을 미칠 수 있다. 그저 스쳐 지나가는 생각일지라도 말이다. 긍정적이고 좋은 생각이 모이면 세상을 살 만한 곳으로 만든다. 하지만 부정적인 생각은 또 다른 부정적인 생각을 낳고 여러 사람에게 전염되어 가정과 사회를 파괴시킨다.

오늘도 구피들이 서로 신나게 쫓아다니며 장난을 친다. 제법 많이 컸다. 실오라기 같은 꼬리를 유유히 흔들며 다니는 모습만 보아도 즐겁다. 지금 내게 구피들은 살아있는 존재만으로도 기쁨이고 행복이다. 그러고 보면 세상을 아름답게 하는 것은 그리 어려운 일이 아닌 듯하다. 만나는 인연마다 선연으로 만들어갈 때 비로소 삶은 축복이 된다.

스리랑카
호법신장

대한불교조계종으로부터 국제포교사 품수를 받은 나는 영어불교 용어에 대한 이해가 부족함을 느끼고 2003년 스리랑카 유학을 결심했다. 수도 콜롬보에 도착하여 인연 된 불자님 집에 임시로 거처하며 학교등록을 마쳤다. 스리랑카는 불교국가이면서 학비가 싸다. 캘라니아 대학 불교학부 석사과정 수업은 전체가 영어로 진행된다. 그래서 세계 각국의 수행자와 불교학을 공부하고자 하는 일반인들이 많이 모인다. 지리적 여건상 미얀마에서 오신 스님들이 제일 많고 중국, 한국, 일본, 미국 순이다. 한국에서 영어를 어느 정도 한다고 생각했지만 수업을 모두 알아듣기에는 역부족이다. 그래서 수업을 녹음하고 저녁이면 반복해 들으면서 받아 적었다. 한 시간 수업을 정리하는 데 3시간 이상 걸리는 지루한 작업이 매일 이어졌다.

어느 날 동네 산책을 하면서 조용히 학업을 이어갈 수 있는 방을 찾아보기로 했다. 집집마다 아담하게 정원을 가꾸는 이곳 사람들의 얼굴에는 늘 미소가 담겨 있다. 얼핏 사무실처럼 보이는 작은 건물이 있어 무작정 문을 열고 들어갔다. 새까만 얼굴에 눈빛이 영리해 보이는 사장이 갑자기 나타난 외국인 스님을 보고 깜짝 놀란다.

"방을 구하고 있어요. 조용하게 공부할 수 있는 방을 구할 수 있을까요?"

그런데 이 사람 이상하다. 놀라워하면서도 지나치게 친절하다.

"우리 집에 2층이 있는데 독립된 공간이라서 좋아요. 한번 가 보실래요?"

묘한 인연이다 싶기도 해서 일단 방문해보기로 했다. 건물 앞 도로를 건너 모퉁이를 돌아서니 바나나 나무가 하늘로 우뚝 솟아 있는 작은 숲을 마주한 집이다. 느낌이 좋다. 대문을 열고 작은 마당을 지나 2층에 오르니 큰 망고나무에 망고들이 주렁주렁 달려 있다. 눈앞에서 나무에 달려 있는 망고를 직접 보다니 신기하기만 하다.

실내는 크지 않은 공간이지만 독립되어 있어 좋았다. 손볼 데가 많았지만 주인은 빠른 시일 내에 수리하겠다고 약속했다. 그리고 뭐든지 내가 해달라는 대로 해주겠단다. 사실 스리랑카에 와서 나쁜 주인을 만나 고생한 스님들 이야기를 많이 들었다. 하지만 이 집 주인은 내가 무엇이든 말만 하면 고쳐주고 준비해 주었다. 심지어 냉장고도 본인이 직접 사주었다. 이사하는 날 집주인은 나보다 더 신이 났다. 그리고 이런 말을 한다.

"스님, 사실은 제가 얼마 전 운수를 보러 점쟁이에게 갔었어요. 가끔 사업상 조언을 들으러 가거든요. 그런데 이번에 이상한 말을 하는 거예요. 우리 집에 외국인 스님이 올 거라는 거예요. 저는 설마 했지요. 그날 스님을 만나서 너무 놀랐습니다. 그리고 점쟁이 말이, 스님이 이 나라에서 안전하게 공부 잘 마칠 수 있도록 돕는 것이 저의 의무라는 거예요. 그렇게 하면 저에게 좋은 일이 생긴대요. 그래서 저는 스님을 꼭 잘 보살펴야 해요."

'어떻게 이런 일이 있을수 있지?' 놀라워하는 나에게 그는 꼭 지켜주겠다며 굳은 의지를 보였다.

이후로 그와 그의 가족은 늘 나의 안전을 살폈다. 늦게 들어오는 날이면 주인과 아내, 고등학교에 다니는 딸이 마당에서 나를 기다렸고 밤이면 집에서 기르는 개까지 2층에 올라와 문 앞에서 지켜주었다. 스리랑카에도 점쟁이가 있다는 것, 그리고 머나먼 나라에까지 와서 호법신장님의 보호를 받는다는 것이 신기하고 감사했다. 나는 내가 하는 공부가 불교를 위해 소중한 일이 될 것임을 믿고 학업에 전념할 수 있었다.

외국인들을 위한
영어참선법회

매주 일요일 오후 3시가 되면 다양한 국적의 외국인들이 비로자나국제선원을 찾는다. 영어로 진행되는 참선 시간에 참여하기 위해서다. 미국을 비롯해서 영국, 캐나다, 인도, 스위스, 프랑스, 인도, 인도네시아, 베트남, 독일, 네덜란드 등 각국에서 온 외국인들이 함께 참선수행을 하고 있다. 그중에는 후에 발심 출가하여 스님이 된 사람도 3명이나 된다.

이들이 찾아오는 루트도 다양하다. 인터넷으로 알고 온 사람이 가장 많고 다음은 안내지 등을 통해서다. 대부분은 참선을 하고 싶어서 오는 외국인들이라 출석률이 좋다. 20분 참선 2회를 하고 20분 법문, 30분의 토론으로 이어진다. 처음 참선에 입문한 사람들은 20분 이상 좌선 자세를 유지하는 것을 힘들어 하기 때문에 참선시간을 20분으로 정했다. 특히 가부좌가 익숙하지 않는 외국인들은 자세를 익히는 데 제법 시간이 걸린다.

다른 나라들과 비교해봤을 때 한국은 외국인들이 정규적으로 불교를 배울 수 있는 곳이 많지 않다. 외국인들에게 어떻게 한국불교를 전할 것인가에 대한 준비가 되어 있지 않은 것도 사실이다. 그래서 오래전에 국제포교에 원력을 세웠고 실제로 외국인들을 가르쳐 보면서 준비 기간을 거쳐 만든 곳이 비로자나 국제선원이다.

매주 외국인을 위한 영어참선법회를 운영하면서 느낀 점은 한국에 거주하고 있는 대부분의 외국인들이 문화적 부적응으로 많은 어려움을 겪고 있다는 것이다. 그래서 법문 주제 역시 이러한 현실적인 어려움을 삶 속에서 어떻게 수행으로 해결할 것인가 하는 내용이었다.

나름 용기를 내어 선원을 개원하고 외국인을 위한 영어참선법회를 운영하였으나 곧 생각지 못한 현실적인 문제에 부딪쳤다. 대부분의 외국인들은 한국 체류 기간이 1년에서 길어야 2년 정도인 경우가 많았다. 어느 정도 수행이 익숙해지면 각자의 나라로 돌아가기 때문에 장기적인 계획을 세우기가 어려웠다.

게다가 한국 사찰에서 외국인 포교는 퍼붓기식일 수밖에 없다. 보시의 개념을 모르는 대부분의 외국인들은 종교단체는 당연히 무상으로 프로그램을 제공해야 한다고 생각하기 때문이다. 이러한 운영상의 문제와 맞물려 지금은 한국 전통 방식으로 사찰을 운영하면서 국제포교를 겸하고 있다.

일요 영어참선법회에 오는 외국인들은 자연스럽게 매년 열리는 어린이 영어담마캠프의 교사로 참가하기도 한다. 캠프 교사들 가운데 인상적인 사람을 꼽으라면 조셉이다. 처음 선원에 왔을 때 그는 끊임없는 질문으로 나의 시간을 많이도 빼앗아 갔다. 삶과 불교와 수행에 대한 궁금증으로 가득했다. 함께 수행한 2년의 시간이 지나고 그가 미국으로 돌아가게 되었을 때 들려준 말이 떠오른다.

"스님, 정말 감사합니다. 스님은 스님이 제 인생을 얼마나 크게 바꿔 놓았는지 모르실 거예요."

그냥 아는 만큼 나누었다고 생각했기에 지극한 감사가 오히려 놀라웠다.

"처음 스님을 만났을 때 저는 아주 불안한 상태였어요. 제가 미국에 있을 때는 면접을 가면 불안함에 손발이 떨려서 아무 말도 할 수 없는 지경이었거든요. 그런데 스님과 수행을 하다 보니 그런 증상들이 모두 사라졌어요. 마음도 편안해졌고요."

그동안 영어참선법회를 운영하는 것이 쉽지는 않았지만 어떻든 꾸준히 진행해 온 결실을 보는 것 같아 마음이 뿌듯했다. 그는 미국에 돌아가서도 한국 절을 찾는다고 소식을 전해주었다. 어느 도서관에서는 우연히 한국 스님을 만나서 한국말로 "성불하세요." 했더니 스님들이 무척 반가워했다고 한다. 이런 것이 국제포교 아닐까? 굳이 해외를 나가지 않더라도 한국에 오는 외국인들에게 제대로 포교하는 것이 중요하다. 그들은 이미 마음이 열린 상태로 오기 때문에 진심으로 불교를 받아들인다.

한국에 체류하는 동안 일요 참선법회에 꾸준히 나와서 정진했던 스위스인 심리학 박사 베로닉의 말이 떠오른다. "지금이야말로 한국불교가 세상 사람들의 마음이 고요해지도록 도와야 할 때입니다."

스님의
때늦은 효도

흔히 추석 연휴를 황금연휴라고 부른다. 모두 설레는 마음으로 각자의 계획을 세운다. 추석 차례도 지낼 겸 고향 부모님께 가는 사람이 있고, 모처럼 가족과 해외여행을 가거나 평소 하고 싶었던 취미활동을 하는 등 각자 의미있는 시간들이 흘러간다.

요즘 사찰의 추석은 합동 차례를 지내러 오는 사람들로 분주하다. 위패를 사찰에 모시고 명절 아침 법당에서 마음을 정갈히 하여 부처님께 공양 올린 후 조상님 전에 합동 차례를 지낸다. 지극한 마음으로 잔을 올리며 열심히 살겠다는 다짐도 하고 경전을 읽어 드리며 자신의 마음을 맑힌다. 이렇듯 명절은 조상님과 가족을 생각하는 시간이다. 캠프 때도 아이들에게 가장 행복했던 시간을 떠올려 보라고 하면 거의 모두가 가족 여행이라고 말한다. 그만큼 가족은 우리가 생각하는 것 이상의 가치이고 소중한 인연이다.

스님인 나는 긴 연휴에 무엇을 할까? 이번 추석 명절에는 부모님께 못한 효도를 조금은 해야겠다는 생각이 든다. 물론 스님들의 최대 효도는 열심히 수행해서 깨달음을 얻고 중생을 이롭게 하는 것이리라. 하지만 부모님의 입장에서는 스님의 신분일지라도 자식 얼굴 한 번 더 보는 것을 바라지 않을까.

얼마 전 일정이 있어 낙산사를 다녀오는데 연로하신 부모님 생각이 났다. 몸은 허약하시나 여전히 신심 깊으신 어머니께서 해수관세음보살님을 친견하면 참으로 좋아하시겠다는 생각이 들었다. 어머니 인생에서 가장 의지가 되셨던 분! 고된 시집살이에 지친 어머니 마음을 온전히 알아주셨던 분! 그러하기에 너무도 사랑했고 지금도 사랑하는 관세음보살님! 기력이 조금이라도 있으실 때 아름다운 홍련암과 낙산사 그리고 해수관세음보살님을 친견한다면 행복하실 것 같아 이번 추석에 모시고 가겠노라 말씀드리니 너무도 좋아하신다. 자식 일곱을 낳아 기르느라 말린 감껍질처럼 늙으신 어머니는 꽃무늬가 있는 가장 예쁜 옷을 입고 모처럼 곱게 화장도 하신다. 스님이 된 딸과 함께 사찰을 가신다니 기운이 펄펄 나는가 보다.

요즘은 생각이 많이 달라졌지만 이전에는 가족의 정을 끊고 출가하는 스님들을 보고 냉정하다고 하는 분들도 있었다. 어떻게 부모를 멀리 하고 출가를 하느냐고. 그러나 출가는 부모자식

간의 정을 끊는다는 분별을 넘어 더 큰 사랑과 자비 그리고 지혜를 얻기 위함이다. 그리하여 부모님을 애착의 마음이 아닌 연민의 마음으로 볼 수 있게 된다. 명절을 맞이하여 어머니와 함께 한량없는 중생의 아픔을 어루만지는 해수관음보살님께 두 손 모아 기도 올리는 나는 행복한 수행자다.

한국불교의
내일

얼마 전 서울 시내의 한 신학대학 학생에게서 전화가 왔다. 불교를 알고 싶어 방문하고 싶다고 한다. 나에게 기독교인이란 조금은 유난스럽게 선교에 집착하는 사람들이라는 선입견이 있었지만 그런 것을 초월하여 나는 청년들을 사랑한다. 특히나 신학대학교에 다니는 아이들은 어떨까? 애정 반 호기심 반으로 만나기로 했다.

그들은 열 가지가 넘는 질문을 상세히 보내 왔으며 나는 마음의 준비를 하고 그들을 맞이했다. 10명 정도의 학생들이 왔다. 그들은 미래에 목회자가 될 사람들이었고 그중 절반은 현직 목사님 아들, 딸들이었다. 전도를 하려면 기독교의 현실을 직시하고 타종교에 대해 알아야 한다는 교수님의 말에 자발적으로 사찰을 찾은 것이라고 한다.

그들은 한국교회를 더욱 확장하고 전도하기 위한 열정으로 가득했다. 불교의 단점보다는 장점을 보려 노력했고 자신의 종교에서 발견되는 문제점들을 솔직히 인정하고 개선하려는 의지도 엿보였다. 예의를 갖춘 질문에 나 역시 진지하게 답변을 했다. 대화를 마무리하면서 학생들은 자신들이 그동안 불교에 대해 너무도 모르고 있었다며 진심으로 고마워했다. 종교인의 길을 걸어가려는 학생들이라 순수하고 정직했다. 그들의 고민과 열정을 보며 나는 우리 청년 불자들을 떠올렸다. 불교학과에 다니는 대학생이나 불자 청년들이 이들처럼 전법에 대한 깊은 고민이 있을까? 세상 사람들에게 불교를 이해시키고 타종교를 이해하기 위해 타종교 단체나 지도자를 찾아가는 용기를 갖고 있을까? 신기하게도 짧은 시간 대화를 나누었을 뿐인데 기독교에 대한 나의 불편한 선입견이 사라졌다. 학생들을 통해 기독교의 힘을 보았다. 평소 서울 시내를 걷다 보면 많은 십자가와 대형 교회의 거대한 몸집에 자주 놀란다. 어떻게 이것이 가능할까? 대도시마다 엄청난 교세를 자랑하는 교회의 힘이 무엇일까 궁금했는데 기독교 학생들과의 시간을 통해 조금이나마 이해할 수 있게 되었다.

불교인들은 지혜와 자비를 실천하는 불교야말로 최고의 종교임을 자부한다. 하지만 안타깝게도 현실에서는 불교에 대해 인식이 그렇지 못하다. 통계청이 발표한 2015년 인구주택총조사 결과를 보면 개신교 19.7%, 불교 15.5%, 천주교 7.9%로 불교인은 10년 사이 약 300만 명이 감소해 제1종교에서 제2종교로 처음으로 밀려났다. 특히 불교인은 개신교와 천주교를 합한 전체 기독교 인구에 비해 594만 7천 명이란 격차를 드러냈다. 더욱이 기독교인의 계층별 조사에서 눈에 띄는 것은 청년 신자의 급격한 증가다. 참으로 충격적이다.

그동안 우리 불교는 전법에 너무 게을렀다. 가까운 사람들에게조차 부처님의 말씀을 전하는 데 소홀했다. 심지어 스님들조차 교리를 가르치고 법문하는 것에 소극적이었다. 물론 자신의 수행에 대한 성찰과 겸손이기도 하지만 이제는 아는 만큼 실천하고 나누는 용기가 필요하다. 주변 사람들에게서 불교는 접근하기 어렵다는 말을 많이 듣는다. 문턱이 높다는 말도 한다. 천리길도 한걸음부터다. 일단 도심에 포교당들이 많이 생기면 좋겠다. 정규적인 교리강좌와 경전강의 그리고 상담시간을 통해 불교를 이해하는 사람들이 늘어나면 포교는 절로절로 이루어지는 것이다.

찬불포교의 길을 걷는
LMB 싱어즈

2005년 겨울, 인도네시아 해외포교를 마치고 돌아온 나는 팔공산 은해사 백흥암에서 동안거를 나고 있었다. 맑은 하늘 사이로 보이는 겨울나무들은 꼿꼿한 수행자를 닮았다. 묵묵히 서있는 모습이 화두삼매에 든 수좌 같다.

오후 참선 시간에 마구 달려드는 수마는 망상과 친구가 되어 귀한 시간을 잡아먹는다. 애써 망상을 내쫓으며 화두를 드는데 갑자기 LMB 싱어즈가 떠오른다. 어려운 환경에서도 부처님의 법음을 펴기 위해 애쓰고 있는 불교계 유일의 혼성4부 중창단. 나는 한 번의 공연을 보고 그만 반해 버렸다. 이삼십 대의 전문 성악인 불자들로 구성된 LMB 싱어즈는 현대 감각에 맞는 찬불가 작사, 작곡, 공연으로 법음을 널리 펴고 있었다. 이후 조금씩 그들을 알게 되면서 열악한 환경에서 공연하는 모습이 안타까워 언젠가 이런 말을 한 적이 있다.

"이렇게 활동하다 혹시 해체를 해야 하는 위기가 온다면 나에게 꼭 연락해요."

왜 그런 말을 했는지 지금도 모르겠다. 너무도 멋지고 소중한 단체가 혹시라도 사라질까 하는 노파심이었던 것 같다. 나는 오후 입선 3시간 내내 '어떻게 하면 LMB 싱어즈를 도울 수 있을까?' 하는 화두를 자연스럽게 들었다. 아무리 본참화두를 들려고 해도 되지 않았다. 이리저리 궁리하다가 비록 내가 가진 것은 없지만 지도법사가 되어 후원회를 조성하고 법문을 통해 그 원력을 지켜 주어야겠다는 결론에 이르렀다. 비로소 마음이 고요해진다. '내가 미쳤나? 결제 중에 이 무슨 말도 안 되는 망상인가?'

3시간을 그렇게 보내고 방선하고 나오니 사무실에서 연락이 왔다. 급히 전화를 부탁한 사람이 있었다는 것이다. 황영선 LMB 싱어즈 대표다. 사연인즉 다섯 명의 단원이 갑자기 탈퇴하여 단체 존속이 어렵다는 것이다. '아, 이 무슨 우연인가' 걱정과 환희심이 동시에 느껴진다. 얼마나 염려가 컸으면 그 에너지가 이곳까지 전달되어 나로 하여금 그들을 생각하게 했을까? 마음의 힘이란 정말 굉장하다. 함께 의논한 끝에 매달 음악법회를 만들어 다시금 일어서 보기로 했다.

이렇게 나는 LMB 싱어즈의 지도법사가 되었다. 음악법회는

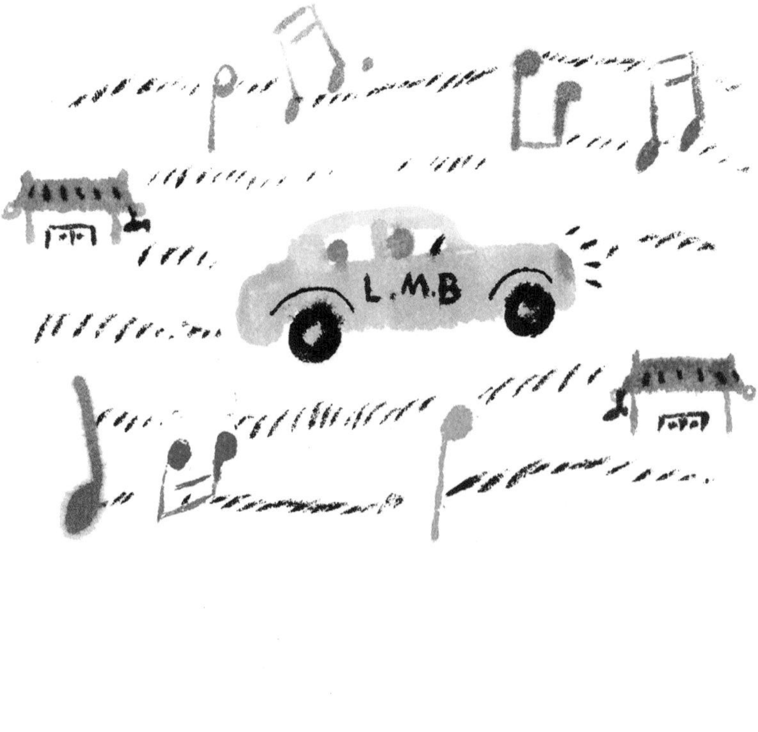
L.M.B

모든 의식을 간소화하고 노래로 시작하여 노래로 끝나는 즐거운 법회다. 그런데 처음에는 사람들이 조금씩 모이더니 2년이 지나도록 진전이 없었다. 그래서 산하에 만든 아마추어 합창단이 '우빼까 합창단'이다. 누구든지 찬불가를 배우고 싶으면 남녀노소, 연령 관계없이 참여가 가능하다.

매월 셋째 주 화요일이면 낙성대입구에 위치한 그들의 음악당으로 간다. 저녁 7시가 법회 시작이라 시간을 맞추어 가려면 퇴근 시간을 피하기 어렵다. 특히 2호선 교대역에서 갈아타려면 한바탕 전쟁을 치러야 한다. 숨쉬기가 어려울 정도로 빽빽한 사람들 숲속을 밀치고 올라타는 용기가 필요하다. 몇 대의 지하철을 보내고야 겨우 탄다.

이렇게 17년이라는 시간이 흐르는 동안 나는 같은 지하철을 타고 똑같은 전쟁을 치러 왔다. 음악당에 갈 때마다 '이젠 그만 이 전쟁을 끝내고 싶다. 누군가 능력 있는 스님이 맡아 주면 얼마나 좋을까?' 하고 속으로 되뇐다. 하지만 법문이 끝나고 우빼까 합창단과 LMB 싱어즈의 노래를 듣고 나면 나의 피로감은 환희심으로 바뀌고 그들의 존재에 그저 감사할 뿐이다.

요즘 산사음악회에는 찬불가보다 유명 연예인을 초청하는 공연이 많다. 하지만 대부분 일회성으로 끝난다. 음악법회에 오시는 분들은 대부분 부처님을 사랑하고 찬불가를 사랑하는 사람들이다. 앞으로 찬불가가 더 많이 불리어져 불자들의 신심을 고양시키는 음악회가 되면 좋겠다. 너무나 힘든 길이지만 찬불가로 중생의 불성을 일깨우겠다는 찬불포교의 길을 선택한 LMB 싱어즈에게 무한한 감사와 큰 박수를 보낸다.

아름다운
이별

"스님, 우리 오빠 돌아가셨어요. 어떡해요……." 평소 사찰에 자주 나오고 신행 생활을 열심히 하는 신도가 울먹이며 전화를 했다. 오빠가 폐암 진단을 받고 상태가 악화되어 병원에 계신다는 소식은 알고 있었다. 가족들의 우애가 유난히 좋아 모두 너무 힘들어한다고 했다. 이럴 때 스님들은 어찌해야 할까? 나는 연락을 받으면 무조건 달려간다. 갈 수 없는 상황이라면 어떻게 장례를 치를 계획인지를 물어보고, 미처 챙기지 못한 장례 절차에 대해 상세하게 이야기해 준다.

내가 병원에 도착하자 가족들이 슬픔 속에서 안도의 눈빛을 보낸다. 기도가 끝나고 염殮을 하러 안치실로 향하기 전 가족들을 모이게 했다. 가족들이 가장 힘들어하는 때는 마지막으로 망자의 모습을 보며 이별하는 염 시간이다. 나는 가족들에게 염할 때 어떤 마음으로 임해야 하는지 그리고 어떻게 염불해야 하는지를 일러주면서 마음의 준비를 하게 했다.

가족들이 떠난 이와의 추억에 잠겨 각자 슬픔을 토해낸다. 그리고 한마음으로 '나무아미타불'을 정성껏 부른다. '아미타 부처님이시여! 부디 망자를 고통이 없는 극락세계로 인도해 주소서.'

장례식이 끝나고 49재 동안 가족들은 매주 절에 와서 불공과 재를 모셨다. 그때마다 불공 전에 어떤 마음으로 임해야 하는지, 어떤 의식을 거행할 것인지를 상세히 설명해 주니 모두들 잘 이해하고 따라 준다.

종종 사찰에 들렀을 때 스님과 재(齋)에 참석한 분들의 소통이 안 되는 모습을 보면 안타깝다. 염불은 스님 혼자 하고 가족들은 졸거나 지루해 하는 경우가 일반적이다. 이는 사찰에 어렵게 시간 내서 온 사람들에 대한 예의가 아니라고 생각한다. 의식이 끝나고 나면 가족들과 함께 마음 나누는 시간을 갖는다.

"자, 지금부터 잠시 눈을 감고, 돌아가신 분과 그동안 함께하면서 감사했던 순간을 떠올려 보세요."

그런 다음 잠시 후 각자 마음을 드러내는 이야기 시간을 준다. 남겨진 가족들이 슬픔을 나누고 힘을 얻는 시간이다. 49재는 망자를 위함도 되지만 남아 있는 식구들의 상실에 대한 상처를 치유하는 소중한 시간이기도 하다. 아무리 분열과 갈등이 있는 가족이라도 함께 슬픔을 나누다보면 서로를 이해하게 된다.

마지막 날에는 합창단을 불러 가능한 아름답고 거룩하게 보내 드릴 수 있도록 한다. 두 손 모아 노래에 마음을 실어 망자를 보낸다. 마지막 의식으로 망자에게 올리는 편지를 가장 가까운 이에게 쓰게 하고 가족들 앞에서 편지 낭독하는 시간을 준다. 다시 한 번 가족들은 하나가 된다.

죽음을 앞두고 종교를 바꾸는 사람들이 적지 않다고 한다. 특히 불교에서 가톨릭으로 바꾸는 사람들 이야기를 많이 듣게 된다. 이유를 들어보면 이해가 되기도 하지만 가슴 아프다. 카톨릭 호스피스 병동에서 수녀님의 헌신적 봉사에 보답하는 마음으로 개종을 하기도 하고, 장례식에 신도들이 와서 정성껏 기도해 주는 것이 좋아서 마음을 바꾸기도 하고, 자식에게 제사 물려주는 부담을 없애주기 위해 개종을 선택한다고도 한다.

평생 신앙했던 종교를 마지막 순간에 바꾸게 하는 것은 망자의 길에 혼돈과 불안함을 줄 수 있다. 어느 종교를 믿든 그가 그 안에서 평안을 얻고 살았다면 홀로 떠나는 외로운 길에 평생 믿고 의지해왔던 성스러운 분들의 이름을 부를 수 있어야 한다. 가끔 '내가 49재 지내고 천도재 지내려고 출가했나?' 하며 자괴감을 느끼는 스님을 본다. 하지만 49재와 천도재야말로 망자의 길을 광명으로 열어주고 남은 자들의 슬픔을 위로할 수 있는 아름다운 시간이다.

장애인 비장애인
모두 일불제자

눈이 펑펑 내리던 어느 토요일, 조계사 옆 중앙신도회관 3층으로 걸음을 옮겼다. 안국역 인근 거리에는 눈길에 넘어지지 않으려는 사람들이 몸을 움츠린 채 조심조심 걷고 있다.

강의실 문을 열기 전 나는 잠깐 머뭇거렸다. 어떤 얼굴 표정을 해야 하나? 어떤 말을 해야 하나? 사람 만나기 좋아하는 내가 이런 망설임이 생기는 것은 오늘 만나야 할 사람들이 일반 불자들과 다르기 때문이다. 장애인 불자들이다. 영어로는 disabled라고 하고, 해석하자면 '가능하지(able) 않은 부분을 가진 사람들'이다.

조심스럽게 문을 여니 20명 정도 되는 회원들과 승가대학교 학인 스님 2명이 목탁 집전을 하며 삼귀의를 하고 있다. 평소에는 불자 장애인들끼리 모여서 경전을 읽는데 새해 첫 법회라 특별히 스님을 모시고 싶었다고 한다. 휠체어를 타고 손을 움직이지 못해 입으로 모든 것을 하는 분, 걷기가 불편한 분, 눈이 보이지 않는 분. 귀가 들리지 않는 분들이 부처님 법이 좋아서 한 공간에 모였다. 힘들게 모은 두 손에는 누구에게서도 볼 수 없는 간절한 발원이 깃들어 있다. 바라보는 것만으로도 가슴이 뭉클하다. 그저 부처님 말씀을 하나라도 더 듣겠다고 불편한 몸을 이끌고 멀리 이곳까지 왔다. 더구나 스님과 함께하는 법회라며 모두들 크게 웃고 박수치며 즐거워한다.

그들의 천진한 미소 속에서 찬란한 불성을 본다. 육체의 모습은 일반인과 조금 다르지만 마음은 모두 같은 부처님이다. 먹는 모습이 불편해 보이고 걷는 모습이 불편해 보이는 것은 우리의 분별심이리라. 이 또한 이들이 가진 최선의 맵시라는 생각을 하니 그저 평범해 보인다. 요즘 우리 사회에는 몸의 장애보다 마음의 장애를 가진 사람들이 점점 많아지고 있다. 마음 장애를 가진 사람들이 대부분 사회적 문제들을 일으키고 있는 것이 현실이다.

전국적으로 100여 명의 회원이 있다는 장애인불자협회는 한 달에 한 번 법회를 여는데 장소 찾기가 쉽지 않다고 한다. 무엇보다 그들에게 법당의 높은 문턱은 넘기 어려운 큰 산이다. 또 겨울이면 그나마 만들어진 휠체어 길이 맨들맨들 얼어서 올라가기도 위험하다. 부처님께 기도하려고 찾은 법당, 그러나 들어갈 수 없는 높은 문턱. 우리에게는 평범한 현실이 이들에게는 너무도 간절한 소망이 되었다. 그러한 현실 앞에서 느끼는 절망감과 불편함······.

"사찰에서 어떻게 해주면 좋겠어요?"

장애인불자협회 회장에게 물었다.

"저희는 큰 것을 바라지 않아요. 사실 저희 장애인들을 위해 건물 형태를 바꾼다는 것은 너무 힘든 일이지요. 다만 저희가 사찰에 갔을 때 반갑게 인사해 주시고 '무엇을 도와줄까요?' 하고 한번 물어봐주시면 감사하겠어요. 저희가 신도로서 법회와 봉사를 함께할 수 있도록요. 몸은 불편해도 의외로 잘하는 것들이 있어요. 예를 들어 사진을 찍어서 사찰 사이트에 올린다거나, 컴퓨터로 공지사항이나 댓글을 쓴다거나 하는 것도 할 수 있고요. 글을 잘 쓰는 법우들은 법문을 요약해서 올리거나 시도 쓸 수 있거든요."

그는 장애인법당 건립의 큰 서원을 세웠다고 한다. 이들에게 필요한 것은 문턱 없는 법당이다.

법회를 마치고 밖으로 나오니 눈이 많이 내리고 있다. 집으로 돌아가기 위해 전동 휠체어를 탄 장애우가 건강한 나더러 조심히 가라고 염려를 보낸다. 눈길을 헤치고 전동 휠체어를 운전하는 모습이 마치 전쟁터로 나가는 용사처럼 보인다. 우리는 모두 일불제자다. 부처님의 아들이고 딸이다. 자식을 애민이 여기는 부처님의 푸근한 마음이 이들에게 베풀어질 수 있기를 간절히 기대해 본다.

거룩한
합장

세상에서 가장 가슴 뭉클한 장면을 꼽으라면 나는 서슴지 않고 합장하는 모습이라고 말한다. 조계사 부근이나 인사동 거리를 걷다 보면 합장 반배하는 불자들을 많이 만난다. 말하지 않아도 우리 사이에 흐르는 마음은 참으로 따뜻하다.

'승가에 귀의합니다. 스님이 계시기에 의지할 곳이 있고, 스님의 청정한 수행에 경의를 표합니다. 저 또한 승가와 한마음이 되어 살겠습니다. 감사합니다.'

합장하는 불자의 마음이 전해지면서 나는 이렇게 답한다.

'당신의 합장이 헛되지 않도록 더욱 정진하는 스님이 되겠습니다. 당신의 간절한 마음처럼 마음으로, 몸으로 힘든 사람들을 위하여 헌신하겠습니다. 내 마음 깊은 곳으로부터 당신의 행복과 평온을 기원합니다. 그대가 번뇌로부터 자유로워지길 기도합니다.'

언젠가 스위스를 다녀오던 중 프랑스 공항에서 비행기를 바꿔 타야 하는 일이 있었다. 목이 말라 마트에 들어가 물 한 병을 들고 계산대로 가서 계산해 달라고 하니 점원이 그냥 가져가라고 한다. 의아해서 왜 돈을 안 받느냐고 물었더니 옅은 미소로 합장하며 스님이니까 공양 올리겠단다. 가슴이 '찡' 하면서 정신이 번쩍 났다. 그날 마트 점원의 합장은 혹여 수행과 포교에 나태해질 때마다 나를 경책했다. 이처럼 서로 합장을 하는 것은 서로에게 커다란 울림을 준다.

그런데 때로 이런 이심전심이 통하지 않는 모습도 있다고 한다. 지난 주 일요법회를 마치고 몇 명의 신도들과 '어떻게 하면 전법을 잘 할 수 있을까'라는 주제로 토론하였다.

"스님, 저는 스님들이 신도들에게 합장만 잘 해주셔도 포교가 잘될 것 같아요. 길 가다가 스님을 만나 합장하면 그냥 지나가시는 분들이 많으세요. 얼마나 민망한지 몰라요. 제발 인사 좀 잘 받아주시면 좋겠어요. 우리에게는 스님들 만나면 꼭 합장하라고 하시면서 그냥 지나가시면 속상해요."

신도들이 입 모아 하는 말이다. 우리 스님들은 왜 그럴까? 가만히 생각해 보니 그것은 무시해서가 아니고 익숙하지 않아서인 것 같다. 어쩌면 승가교육이 미처 챙기지 못한 부분일 수 있다. 처음 출가했을 때 초발심자로서 스님들을 만나면 언제 어디서든, 안면이 있든 없든 정중히 합장 반배하는 것을 교육받는다. 그러나 신도를 만났을 때 정중하게 마음 모아 합장 받을 것과 어떤 축복의 말을 하라는 등에 대해서는 섬세하게 배운 적이 없다. 다만 신도와는 거리를 두고 말을 줄이고 내면을 살피라고만 배웠다. 그러다보니 어쩌다 길에서 신도의 합장을 받으면 익숙하지가 않았을 것이다. 앞으로는 언제 어디서든, 불자이든 타종교인이든 누구라도 거룩한 합장을 주고받는 아름다운 풍경을 보고싶다.

부처님 품에서
임종을

도량 불사와 함께 부처님 오신 날이 가까워지면서 더욱 분주해진 나에게 호스피스협회에서 전화가 왔다. 은평구 모병원에서 호스피스 환자를 위로해 줄 스님의 방문을 기다리고 있다는 것이다. 그동안 봉사 나가던 병원이 멀어 가까운 병원에서 의뢰가 오면 가겠다고 했더니 연락이 온 것이다.

"제가 요즘 부처님 오신 날 준비로 좀 바빠요. 다음 주에 꼭 갈게요."

사정을 전했는데 잠시 후 다시 전화가 왔다.

"스님~ 그 쪽에서 교회에서는 부활절이라고 왁자지껄하게 다녀갔는데 '부처님 오신 날'을 맞이해서 스님들이 더욱 오셔야 하는 거 아니냐고, 얼굴이라도 잠깐 보여주고 가시라고 하네요. 불자들이 많이 기다린데요."

순간 부끄러웠다. 그렇다. 우리는 '부처님 오신 날' 법회를 얼마나 멋지게 할까에만 집중했지 소외된 사람들의 마음을 어루만지는 일에는 소홀했던 것이 사실이다. 정성스러운 마음으로 사중스님들과 함께 연꽃컵등을 만들었다. '부처님 오신 날'은 다가오는데 임종의 시간은 가까워오고 얼마나 마음이 간절할까. 서둘러 발길을 병원으로 향했다.

사무실에서 담당자를 만나 설명을 들었다. 이 병원 17명의 환자 중 기독교 7명, 불교 5명, 천주교 2명, 무교 3명이라고 한다. 반면에 호스피스 봉사자는 불교인은 병원이 생긴 이래로 내가 처음이고 천주교는 수녀님이 매주 온다고 한다. 그리고 기독교는 40명이 넘는 호스피스 봉사자들이 일주일 내내 오전과 오후로 와서 환자들을 위로하고 마사지를 해주니 무교의 사람들 대부분이 고마워서라도 기독교 세례를 받고 있다는 현실을 들려준다. 봉사활동을 열심히 하는 기독교인을 여기서도 부러워해야 하는 불교의 현실에 마음이 씁쓸하다.

연꽃등을 들고 첫 번째 불자 환자의 병실 문을 열었다. 간암으로 고통스러워하는 70세의 거사님이 연꽃등을 든 나를 보자마자 활짝 웃는다. 삶과 죽음이 얼마나 연결되어 있는지, 죽음이라는 것을 어떻게 이해해야 하는지를 설명하고 아미타불을 노래로 조용히 불러 드렸다. 합장할 수 있으면 하시라고 했으나 그는 손을 모을 힘이 없다. 수계식을 해드리겠다고 하니 좋아하신다. 오계를 하나씩 읽으며 참회진언을 따라 하시라고 했으나 역시 따라 할 힘이 없다. 고요히 눈을 감고 계셔서 주무시나 했더니 다시 눈을 뜬다. 마음속으로 따라 하고 있었던 것이다. 기도가 끝나자 나지막한 소리로 "감사합니다." 하고 미소 짓는다.

또 다른 불자 환자를 만나 위로하고 지극히 기도를 했는데, 딸이 들어와서 자신이 기독교라 어머니를 전도하고 있는 중이니 다시는 오지 말라고 한다. 나약해진 몸과 희미한 정신 앞에 평생을 지켜 온 종교를 바꾸길 강요하는 딸, 뭐 이런 세상이 있는가!

불자들이 안쓰럽다. 불교의 품이 워낙 넓어 가족 중 누군가 타종교를 믿더라도 존중해 주었는데 정작 배려에 대한 결과는 무시였다. 평소에 가족과 종교가 다르다면 소신껏 분명히 말할 줄 알아야 한다. 본인의 종교를 존중해 주고 장례 절차도 종교에 맞게 해 달라고 말해두어야 한다. 더 이상 점잖을 필요는 없다. 죽음의 순간까지 우리는 존중받아 마땅한 존재들이다. 불자들이 부처님 품에서 임종할 수 있도록 모두 관심을 가져야 한다. 그 모습이 바로 미래의 나의 모습이기 때문이다.

뜻있는 스님들과 함께 염원하고 있는 '불교 호스피스 병원' 건립이 이루어지는 그 날이 오면 떠나는 이들을 부처님 품에서 마음껏 위로할 수 있으리라 기대해 본다.

세상의
마지막 기도

팔공산에 계시는 은사스님으로부터 한 통의 전화를 받았다. "자우야~ 너 서울대학교 병원 중환자실 좀 갈 수 있나?" 아는 신도님의 오빠가 스님을 만나고 싶어 한다고 한다. 하던 일을 급히 정리하고 병원으로 향했다.

신도님의 오빠는 6주 전에 기침이 떨어지지 않아 대구의 한 병원에서 진찰했고 폐암 말기 진단을 받았다. 청천벽력이다! 아직 할 일이 많아 살겠다는 일념으로 명의를 찾아 서울대 병원으로 온 지 열흘이 되었다. 어제 지방에서 올라온 동생에게 "동생아! 나 스님 뵙고 위로받고 싶어. 제발 나에게 아무 스님이나 모셔와 줘." 했단다.

오빠는 평소 그리 신심 있는 불자는 아니었다. 1년에 한두 번 초파일에 절에 가서 밥 먹고 오는 정도였다. 동생은 병원 측에 근처 사찰이 어디 있는지, 어떻게 해야 스님을 모셔올 수 있는지를 의논했지만 모두 모른다고 했다. 급한 마음에 팔공산에 계신 은사스님께 전화를 했고, 스님께서 나에게 연락하신 것이다.

밤 사이 오빠는 혼수상태에 빠졌고 그의 부탁은 마지막 유언이 되어 버렸다. 죽음에 직면하여 호흡이 가빠오는 환자 곁에서 죽음의 과정에 대하여 설명하고 아미타부처님 가피를 청하는 발원을 하며 아미타불을 나지막이 불렀다. '아미타 부처님이시여! 지금 죽음의 앞에 있는 이 가엾은 중생의 고통을 멈추어 주시고, 부처님 품 안에서 평안하게 하여 주소서.'

고요한 음률에 맞추어 한참을 염송하고 나니 어느새 호흡이 놀라울 정도로 고요해지고 얼굴도 평안해졌다. 병실은 고요와 평화의 기운으로 가득하다. 여동생도 놀라워하며, "스님, 이상해요. 무슨 일이 생겼는지 고통과 슬픔이 사라졌어요." 한다. 그 후 그는 잠깐 깨어났고 가족들과 아름다운 이별 인사를 했다. 그리고 새벽 1시, 그는 혼자만의 머나먼 길을 떠났다.

떠나는 영혼이 평화로워야 다시 돌아오는 영혼이 아름다울 것이다. 그래서 마지막 이별의 순간에 올리는 기도는 참으로 중요하다. 특히 가족들이 따뜻한 사랑으로 함께 할 수 있다면 큰 행운이다. 죽음 이후의 세계를 알 수 없기에 더욱 그러하다. 하지만 누군가 그의 곁에서 죽음의 여정을 알려주고 그 길을 사랑의 빛으로 안내해 준다면 평화롭게 떠날 수 있을 것이다.

스위스 법계사
불자들

어느 날 스위스에 계신 무진스님으로부터 한 통의 전화가 걸려 왔다. 오래전부터 스님이 운영하고 있는 스위스의 유일한 한국 사찰 법계사 불자들이 법명을 받고 싶어하는데 한국식으로 수계식을 해본 적이 없으니 와서 도와달라는 부탁이셨다. 즐거운 마음으로 스위스로 날아갔다.

눈 덮인 알프스 산맥의 푸른 초원과 들판에 피어 있는 작은 꽃들 그리고 남초록빛 호수들. 어디를 바라보나 달력에 나오는 멋진 풍경들이다. 법계사는 모아리라는 아름다운 마을에 위치해 있는데 아침이면 푸른 초원에서 풀을 뜯어 먹는 얼룩소들의 방울소리가 연주곡이 되어 흐르는 정겨운 곳이다.

무진스님이 꽃 가꾸기를 좋아하셔서 정원 곳곳에 꽃들이 피어 있고 작은 연못 옆 체리나무에는 체리들이 주렁주렁 달려 있다. 주말이면 한국교민과 불자가 된 스위스 현지인 그리고 아이들로 북적이는 사찰이다. 신도님들의 가정사를 꿰뚫고 계신 스님은 마치 그들을 고향 어머니처럼 알뜰히 챙긴다. 한국교민들이 머나먼 스위스에서 어떻게 수행하고 얼마나 불교를 좋아하는지 아느냐며 나에게 침이 마르도록 자랑하셨다. 내가 도착하자 신도님들에게 드디어 진짜 한국스님이 왔다고 소개하며 이제 한국말로 신나게 이야기하라고 호탕하게 웃으신다.

드디어 일요일, 수계일 아침이다. 일찍부터 사람들이 하나 둘 모여들더니 어느덧 법당이 그득하다. 스님과 나는 가사장삼을 수하고 수계식을 거행하였다. 아이들도 의젓하게 앉아 연비도 거뜬히 하며 스스로 자랑스러워 한다. 모두 만면에 웃음이 가득하다. 수계식을 통해 진실한 불자로 거듭나는 순간 모두의 가슴에 깊은 감동이 밀려 든다. 한국을 사랑하는 스위스인 아빠, 스위스를 사랑하는 한국인 엄마 그리고 한국과 스위스를 모두 고향으로 갖게 된 아이들까지 법계사에서는 모두 행복한 부처님 제자들이다.

수계식이 끝나고 도량 곳곳에서 아이들이 가끔은 한국말로 가끔은 프랑스어로 장난을 치며 뛰어다닌다. 스위스 산골 작은 마을에서 조화로운 세상이 펼쳐진다.

이국 땅에 피어나는 ✿ 법의 향기

로스앤젤레스
선센터

국제포교의 원력을 세우고 포교해 온 지 십 년의 세월이 흘렀을 때 좀더 공부를 해야겠다는 필요성을 느꼈다. 많은 분들이 한국 불교의 세계화를 주장해 왔지만 실제 한국불교는 아직 세계화를 위한 준비가 제대로 되어 있지 않다는 것이 당시 나의 생각이었다. 이러한 고민을 영국, 캐나다, 스위스 국적을 동시에 갖고 있으면서 한국에서 비구니계를 받은 무진스님과 자주 나누곤 했다. 무진스님은 일단 미국 로스앤젤레스의 선센터에 머물면서 차분히 연구해 볼 것을 제안하셨다.

"나는 복지재단 일로 1년에 한두 번 LA를 방문하는데 LA야말로 국제포교를 연구하기엔 이상적인 곳이지. 세계 각국의 불교센터가 다 들어와 있거든. 그중 로스앤젤레스 선센터를 가장 좋아하는데 그곳에서 미국인들이 어떻게 불교를 만나고 수행하는지 잘 알 수 있어."

스님이 말씀하시니 꼭 가보고 싶은 생각이 들었다. 매주 일요일 비로자나국제선원에서 외국인들에게 영어로 참선을 지도해 왔으나 가끔은 '과연 내가 잘하고 있는가?' 하는 의구심이 들던 차였다. 마침 좋은 기회라 생각되어 2개월 일정으로 미국 현지인들과 수행하면서 외국인들에게 불교를 어떻게 전할 것인가, 각국 불교센터에서는 어떻게 현지인들에게 불교를 가르치고 있는가를 알아보기로 했다.

비행기표를 10개월 전에 예약했더니 감사하게도 반값에 살 수 있었다. 비행기 탑승 후 스무 시간이 걸려 미국 로스앤젤레스 국제공항에 도착했다. 무진스님이 반갑게 마중해 주셨다. 차로 30분을 달려 드디어 로스앤젤레스 선센타(Zen center of Los Angeles)에 도착했다. 이곳을 'Buddha Essence Temple'이라고도 부른다.

로스앤젤레스의 선센터는 30여 명의 미국인 불자들이 함께 살면서 공동체 수행을 하는 곳으로 코리아타운에 위치해 있다. 1967년 일본인 마이에주미(Taizen Maezumi Roshi) 스님이 창건했는데 그는 미국에서 직장생활을 하며 참선을 지도한 스님이다. 숭산스님이 창건한 달마사와는 가까운 거리에 있었고 생전에 두 스님이 아주 친한 도반이셨다고 한다. 미국에 본격적으로 불교가 전해질 무렵 한국인 스님과 일본인 스님이 함께 도량을 거닐면서 법담을 나누는 풍경을 상상하니 감동이 밀려왔다.

선센터에 도착하자 지객을 맡은 유도(Yudo)가 반갑게 인사한
다. 유머가 넘치는 그는 60세가 넘은 나이로 이곳 센터에 10년
동안 머무르고 있다. 곧장 숙소로 안내 받았다. 나의 방은 선방
의 2층이다. 2개의 방으로 되어 있고 삼면의 큰 창문으로는 커
다란 소나무와 전나무 사이로 햇살이 들어오는 아름다운 곳이
다. 침대 위에는 손님을 위한 시트와 타월 그리고 초콜릿이 정
갈하게 놓여 있다. 방 안에는 간단히 손을 씻을 수 있는 작은 세
면대도 있다.

큰방에 들어서자마자 벽 중앙에 걸려 있는 사진을 보고 깜짝
놀랐다. 설악산 봉정암 사리탑 사진이다. 어떻게 이 사진이 이
곳에 있을까? 나중에 주지스님 인터뷰를 하면서 알게 되었는데
이 센터에는 해외포교의 선구자이신 숭산스님과 구산스님께서
여러 번 다녀가셨다고 한다. 그 사진 하나만으로도 나는 한국
사찰과 부처님을 느낄 수 있었고 마음이 편안해졌다.

다음으로 유도가 사찰 안내를 해주었다. 그는 각 건물의 기능
이며 선방과 법당에서의 각종 의식과 순서, 인터뷰 시의 예절
등에 대해 상세히 알려 주었다.

이곳 선센타는 일본식으로 운영되고 있어서 모든 의식이 조

금 복잡하게 느껴졌다. 그럼에도 미국인들이 의식을 아주 고귀하게 생각하고 엄격하게 지키고 있다는 것에 또 한번 놀랐다. 과연 미국인들은 어떤 계기로 불교를 만날까? 그리고 어떻게 수행을 지속할까? 스승들은 어떻게 제자들의 수행을 더 깊은 곳으로 인도할까? 궁금함이 밀려온다.

선센터의
새벽 참선

LA 선센터의 아침은 참선으로 시작한다. 평소 시끄러울 정도로 발랄한 캘리포니아주 사람들도 선센터에서는 180도로 바뀐다. 새벽 5시가 되면 선원에 있는 불자들은 각자의 거처에서 선방으로 들어선다. 어제 유도가 안내한 자리에 나도 두루마기를 입고 앉았다. 대부분의 사람들이 일본불교의 영향인지 검은색 옷을 입고 있다. 그들은 입구에 준비된 엉덩이를 받쳐줄 보조방석을 들고 들어온다. 선방에 들어서며 반배 하는 모습이 아주 정중하다. 좌식 생활에 익숙하지 않은 미국인들이라 대부분 보조방석을 아주 높게 이용한다. 반가부좌가 불가능한 사람들은 아예 의자를 들고 들어와서 의자에 앉는다. 각자 묵언을 유지하며 느리고 섬세하게 움직인다.

먼저 자기 자리에서 합장 반배 한 후 중앙에 모셔진 문수보살께 반배 하고 자리에 앉는다. 또 같은 줄의 수행자가 들어올 때마다 반배로 인사한다. 이 부분이 나에게는 다소 번거롭게 느껴졌다. 왜 그렇게 하는지를 나중에 물었더니 함께 수행하는 수행자에 대한 공경의 표현이라고 한다.

새벽 5시 25분이 되면 대부분의 구성원들이 자리에 앉고 종소리가 울리면 주지스님이 들어온다. 시자가 향을 주지스님께 건네면 주지스님은 문수보살 전에 올린다. 주지스님이 가사와 장삼을 수하였다. '이런! 나도 가사와 장삼을 입었어야 하는구나.' 주지스님 옆으로 참선 지도자들이 오조가사, 장삼을 수하고 앉아 있다.

주지스님이 좌정한 후 선방 스튜어드가 '참회게송을 하겠습니다' 하면 함께 합장하고 합송한다.

'저의 탐욕과 성냄과 무지로 인해서 몸과 말과 마음으로 예부터 지은 모든 나쁜 업을 지금 모두 참회합니다. (All evil karma ever committed by me since of old, On account of my beginningless greed, anger, and ignorance, Born of my body, speech, and mind, Now I atone for it all.)'

법당에 아름다운 선율의 게송이 울려 퍼지자 가슴이 울컥한다. 수행이란 전생부터 알게 모르게 지은 악업을 참회하는 것에서부터 시작된다는 것을 다시 확인한다. 피부와 생김새가 달라도 고통을 여의고 행복하게 살고자 하는 간절한 마음, 수행에 대한 뜨거운 열정이 감동적이다.

합장을 내리면 다시 종소리가 울리고 참선이 시작된다. 처음에는 서로 마주보고 앉는다. 30분이 지나면 종소리가 울리고 행선을 시작한다. 처음에는 아주 천천히 걷다가 신호를 주면 빨리 걷는다. 모든 것이 신호에 의해 진행된다. 고요한 한국 선방에 익숙한 나는 어색함이 밀려온다. '참선하는 의식이 왜 이렇게 복잡할까.' 하지만 그들은 마치 진리를 받들듯 모든 의식을 경건하게 따른다. 5분 정도의 행선이 끝나고 다시 자리에 앉는다.

이번에는 벽을 향하여 참선한다. 외국의 낯선 선방이지만 오랜만에 대중과 함께 참선하니 참으로 좋다. 나의 내면으로 깊이 들어가 '나는 누구인가'를 살피는 선정의 느낌은 한국에서나 이곳이 다를 수 없다. 이 자리에 함께하는 사람들에 대한 무한한 감사가 샘솟는다. 승가는 어디를 가나 내 힘의 울타리임이 분명하다.

두 번째 30분의 좌선 시간이 지나자 다시 종소리가 울리고 사람들은 머리에 가사를 올리고 게송을 한다. '광대한 해탈복解脫服이여, 위없는 복전福田이로다. 제가 지금 여래의 옷을 걸치니 모든 중생을 건지오리다.(Vast is the robe of liberation, A formless field of benefaction. I wear the Tathagata-teaching, Saving all sentient beings.)'

게송을 읊으니 처음 가사를 입었을 때의 감동이 밀려온다. 한국에서는 스님들만 함께 느꼈던 감동을 이곳에서는 모든 재가 불자들이 오조가사를 걸침으로 함께 나눈다. 미국 선센터에서의 새벽 참선은 여러모로 감동적이었다.

새벽예불의
힘

새벽 참선이 끝나자 사람들이 방석을 정리하고 조용히 밖으로 나간다. 묵언이다. 한 줄로 서 있다가 사람들이 다 나오자 안행을 유지하며 법당으로 발걸음을 옮긴다. 특이한 것은 지도자일수록 뒷줄에 선다는 것이다. 모두가 법당에 들어갔지만 주지스님은 설법전 앞에서 대중이 법당으로 들어갈 때까지 기다린다.

　법당 안에서는 도우미가 법회지를 나누어 준다. 도우미가 나무로 된 상자를 들고 오면 한 명씩 꺼내 들고 중앙을 향하여 마주선다. 종소리가 울리고 향과 인경을 각각 든 시자 2명이 밖으로 나가 주지스님께 정중히 인사를 드리고 법당으로 모셔 온다. 예불은 선 채로 한다. 한국은 대중이 부처님을 향하여 앉아 있다가 목탁 소리에 맞추어서 일어나 시작하지만 이곳에서는 주지스님이 부처님께 삼배를 드리고 나면 의식이 이루어진다. 의식은 반야심경을 시작으로 마음 밝히는 노래, 불보살과 불교가 미국까지 전래되는 데 헌신하신 조사와 스님들에 대한 예경, 법화경, 대다라니, 관세음보살 찬탄으로 구성되며 영어와 일본어를 병행한다. 음률이 참으로 아름답다.

인상적인 것은 매일 의식 때마다 지금 몇 페이지의 무엇을 하는지 안내 멘트를 해준다는 것이다. 눈치껏 알아서 따라가야 하는 한국 법당과는 아주 대조적이다. 개인의 삶을 존중하는 미국 문화에서는 이것이 무엇보다 중요하다고 한다. 왜, 무엇을, 어떤 순서에 따라, 어떤 의미로 하는지가 이해되지 않으면 함께하지 않는다. 또한 설명이 없으면 본인이 무시당하고 있다고 생각한다고 한다.

예불 도중에 내가 잘 모르는 것 같거나 의식에 따라서 움직여야 할 때면 어느새 누군가 살짝 다가와 안내해 준다. 도대체 이러한 배려의 에너지는 어디에서 나오는 것일까? 처음 참석한 새벽예불에서 나는 존중받음과 사랑받음을 느꼈다. 벌써 가족이 된 느낌이다. 예불이 끝나고 밖으로 나가 마지막 순서로 도량을 지키는 신장들에 대한 예경이 있었다. 이들의 의식은 엄격하면서도 따뜻함과 경건함이 배어 있다.

드디어 모든 의식이 끝났다. 주지스님이 대중들에게 커다란 웃음으로 "Good Morning~" 하자 다들 큰 웃음으로 화답한다. 주지 에코쿠 로시 스님의 웃음소리는 도량을 흔들 정도로 경쾌

하다. 이들에게는 불교와 수행을 즐기고 있다는 느낌이 든다. 불법 속에서 다들 편안하기를, 행복하기를, 밝은 미소로 하루를 열기를, 누구에게나 서로 안부를 묻기를, 그리고 서로가 서로를 사랑하게 만드는 주지스님이다. 이토록 대중을 화기애애하게 만들고 깊은 수행으로 들어가게 하는 주지스님의 힘은 어디에서 나오는 것일까.

그녀가 나에게 밝은 미소로 "How are you?" 한다. 이곳 미국에 와서 처음으로 배우게 된 것은 미소란 참으로 소중하다는 것이다. 미소의 힘은 크다. 마음을 편안하게 하는 마술과도 같다. 누군가 관세음보살의 마음을 형상화하라고 한다면 '환한 미소'라고 하고 싶다.

도량에서 낯선 사람을 만나 "Good Morning~" 했더니 "Are you Jawoo?" 한다. 너무 놀랍다. 이 사람이 어떻게 나를 알고 있는 것일까? 그는 내가 오기 전 주지스님이 나에 대한 이야기를 대중에게 미리 전했으며 지객은 내가 도착한 것을 이곳과 연관되어 있는 대중에게 이메일로 보냈다고 한다. 누구든지 처음 만나도 나와 소통할 수 있도록 말이다. 서로에 대한 배려란 이렇듯 소통에서 비롯됨을 알게 되었다.

하나의 단체가 공통된 목적을 가지고 성공하게 되는 비결 중에는 구성원들의 소통이 가장 중요하다. 소통을 통해 현재 상황과 목표를 정확히 인식하고 있으면 어떠한 난관도 극복할 수 있는 힘이 생긴다. 캘리포니아 한인타운에 위치한 선센타 Buddha Essence Temple에서 나의 아침은 이렇듯 미소와 놀라움으로 시작되었다.

스님!
예수 믿고 천당 가야지요

다음날 새벽 참선에는 전날과 달리 가사 장삼을 입고 선방에 들어섰다. 그랬더니 주지스님 자리가 있는 어간으로 안내되었다. 미국에서 한국 스님들의 승복은 일반인 옷으로 인식된다. 미얀마나 태국처럼 옷 그 자체로 가사를 대변하는 형태가 아니기에 그렇다. 삭발은 불교 수행자의 의미라기보다는 머리 스타일의 한 형태로 인식된다. 한국에서는 승복 입고 삭발하면 자연스럽게 스님으로 인지되지만 미국에서는 그렇지 않다. 이곳에서는 의식에 참여하거나 선방에서 수행할 때 가사 장삼을 수해야만 스님으로 인정된다.

아침 햇살은 전나무 사이로 목각 관세음보살 얼굴에 떨어져 은은하게 온 도량으로 번진다. 점심을 먹고 무진스님이 한국 슈퍼마켓에 같이 가기를 제안하셨다. 일주일 후면 스위스로 돌아가야 하는 스님은 두 달을 혼자 머나먼 타국 땅에 머물러야 하는 나를 걱정해서 이것저것 준비해 주시려는 것이다. 내가 이곳에서 미국불교를 비롯해 각 나라의 불교와 여러 종교를 돌아보고, 세계 속에서 한국불교가 나아가야 할 방향을 잡아 주기를 기대하면서 모든 경비를 후원하시겠다고 했다. 서양인으로 한국에서 출가한 스님은 그것이 한국불교에 대한 보답이며 나아가 한국불교를 위해 당신이 할 일이라 생각하시는 것 같다.

오랜만에 한국 사람들을 만날 수 있다는 들뜬 마음으로 한국마켓에 갔다. 어지간한 한국 마트보다 큰 대형 슈퍼마켓이다. 빼곡한 사람들 속에 미국인들도 가끔 보였지만 한국인이 대부분이다. 그런데 한 시간이 지나도록 스님을 보고 반갑게 인사하는 사람이 없다. '이상하다. LA에는 불자들이 하나도 없는 것일까?' 생각하고 있는데 칠십은 넘어 보이는 노보살님이 나를 아주 반갑게 부른다.

"아이고~ 스님, 한국에서 오셨지요?"

나는 '드디어 미국 LA에 와서 첫 번째 불자를 만나는구나' 싶어 기쁜 마음으로 인사를 했다.

"네, 안녕하세요?"

그러나 그 다음 말에 나는 그만 뒤로 넘어가고 말았다.

"아이고~ 스님! 예수 믿고 천당 가야지요. 얼굴도 예쁜데 지옥 가면 어쩌요."

세상에! 한국에서도 지하철만 타면 듣는 말인데 머나먼 미국에까지 와서 들어야 하다니…… 마음이 착잡했다. 이때 함께 갔던 무진스님이 우리 앞에 나타났다.

"할머니, 그거 다 거짓말이에요. 저를 보세요. 나는 기독교 나라에서 태어났지만 거짓말인 거 알게 되어서 스님이 됐잖아요."

'이제 포기하겠지' 했는데 그게 아니다.

이 할머니 한술 더 뜬다.

"아이고~ 마귀가 씌었구먼. 보통 씐 게 아니여. 예수 믿어야 돼. 그렇지 않으면 지옥 가."

어쩌다 이렇게까지 되었나? 타국에서 만나는 같은 한국 사람을 반가워하기보다는 다짜고짜 자기 종교를 강요하여 기분 상하게 하다니…….

슈퍼를 나오면서 마음이 씁쓸했다. 돌아오는 길 내내 해외에까지 와서 이런 상황을 만나게 된 원인에 대해 생각해 보았다. 나중에 근처 한국절 반야사 주지스님의 이야기를 들으니 이곳 LA에는 한국 사찰이 20개인 반면 교회는 2000개라고 한다. 한국 사찰은 30~40명 들어가는 규모인데 교회는 500명 이상 수용하는 대형 교회들이 대부분이라는 것이다. 아! 그렇구나. 가슴이 먹먹하다.

1700년의 역사를 자랑하는 우리 불교는 지금까지 해외 불자들을 위해 무엇을 하고 있는가? 한국에서 불자이던 사람들이 해외에 가서 기독교로 개종한다는 얘기는 어제 오늘의 일이 아니다. 하지만 현실이 이 정도일 줄은 상상도 못한 일이다. 어떻게 하면 해외 불자들을 잘 돌볼 수 있을까? 어깨에 무거운 고민을 짊어지고 나무 숲 사이로 관세음보살님을 바라본다. 저녁 햇살을 받은 관음의 미소는 여전히 자애로우시다.

칠십 노구의
참선 수행 지도자 존

LA 선센터의 주말은 일찍부터 참선수행 하러 온 사람들로 북적인다. 아침 6시 30분이 되면 상가홀에서 어김없이 만나는 사람이 있다. 그의 이름은 존(John Buksbazen), 법명은 대진大眞이다. 처음 이곳 선센터에 도착해서 "안녕하세요?" 하고 유창한 한국말로 먼저 인사를 건넨 사람이다.

존은 늘 미소 짓고 있다. 내가 식당에서 아침을 먹고 있으면 먼저 인사를 하고 공양을 마칠 때까지 기다렸다가 이야기를 나누곤 했다. 존은 이른 아침부터 가사 장삼을 입고 상가홀에 앉아 수행하러 오는 사람들을 반기면서 이런저런 이야기를 들었다. 그러고 보니 이곳의 지도자들은 사찰에 법문이나 정진이 있는 날이면 일찌감치 나와서 사람들을 밝은 미소로 맞이한다.

미국의 일본불교에는 프리스트(priest)와 센세이(sensei)라는 호칭이 있다. 프리스트는 일반인의 생활을 하면서 수행에 전념

하는 사람으로서 수계를 받고 오조가사와 장삼을 입는다. 가사와 장삼은 주로 참선수행 할 때와 종교의식이나 법회에 참석할 때만 입고 평상시는 일반인 복장으로 생활한다. 프리스트로 10년을 수행하여 법에 대해 스승이 인정하는 단계가 되면 센세이가 될 수 있고 이때부터 다른 수행자를 지도할 수 있다.

존은 센세이(sensei)이다. 그는 마음 좋은 한국의 할아버지 같다. 그가 어떻게 불자가 되었는지 나아가 불교 수행지도자가 되었는지 궁금했다. 인터뷰를 요청하니 쾌히 승낙해 주었다. 상가홀 밖의 정원 벤치에 앉아 이야기를 나누었다. 햇살은 맑고 도랑에 흐드러지게 핀 채송화가 환하게 빛난다. 영국 런던의 유대교 집안에서 출생한 존은 19세 때 군인으로 1년간 한국에 머물렀다며 한국과의 인연을 자랑스럽게 들려준다.

그는 학생 시절 아인슈타인의 상대성이론에 관심을 갖게 되면서 사고의 전환이 생겼다고 한다. 1967년 필라델피아의 템플대학교에서 수학을 공부하면서 모든 수가 '0'으로 돌아가는 것을 보고 불교의 공사상과 같음을 어렴풋이 알게 된 후로 불교 공부할 기회를 엿보고 있었다. 그러던 중 당시 같은 대학에서 공부하던 서경보 스님을 만나게 되면서 6~7명의 사람들과 함께 참선수행을 시작했다. 29세에 스님을 도와 남당 시대에 나온 불서 〈조당집〉을 번역하기도 했다.

점차 참선수행에 재미를 느끼면서 본격적으로 공부하고 싶다고 했더니 서경보 스님이 출가를 권유했다. 출가하여 수행정진 하기를 7개월 정도 되었을 때 갑자기 스님이 한국으로 들어가셨고 이후 인연이 이어지지 않았다. 스승을 잃고 방황하던 중 일본인 마이에주미 로시스님을 만나게 되었고 이 인연으로 이곳 선센터에서 8년 반 동안 소도젠을 수행하게 된다.

1969년부터 10년간 350개의 공안을 참구하여 통과한 존은 마침내 프리스트가 되었다. 프리스트가 되면서 16계의 보살계(precept transmission)와 전법게(Dharma transmission)도 받았다. 당시 상담하러 오는 사람들 면담으로 바쁘게 보내던 스승은 그에게 심리학 공부를 하라고 권했다. 심리학으로 석사와 박사 과정을 마친 후 사찰을 찾는 사람들의 심리상담은 그의 몫이 되었다. 그에게는 1명의 아들과 4명의 손자, 5명의 증손자가 있다. 나이가 70이 넘었음에도 불구하고 아주 행복하고 편안해 보였다.

그의 불교 인연과 수행담을 들으면서 '국제포교를 하려면 현지인들과 살아야 한다'는 생각이 들었다. 잠깐 동안 미국에 머물면서 국제포교를 하는 것은 일시적일 수밖에 없다. 수행자들이 원하는 것은 스승과 함께 살면서 공부하는 것이다. 수십 년간 수행자들을 지도해 온 그의 인생에서 가장 중요한 것은 무엇일까?

"저에게는 참선이 가장 중요합니다."

참선만이 모든 답을 줄 수 있다는 확신에 찬 그의 눈빛에는 칠십 노구에도 불구하고 수행정진에 대한 열정과 희망이 빛났다.

유대교 사원을
방문하다

오늘은 무진스님과 함께 스님이 설립한 더글라스재단의 회계사를 만났다. 스님이 재단을 운영하게 된 사연은 이러하다.

스님의 외삼촌은 미국에서도 부유층이 사는 비버리 힐즈에 살던 분으로 자식이 없었다. 돌아가시기 전 모든 재산 정리를 스님에게 일임하였고, 스님은 세상을 아름답게 변화시키려는 원력으로 복지재단을 만들었다.

재단은 방글라데시, 미얀마, 캄보디아, 인도 캘커타와 같은 복지가 취약한 나라의 어린이와 청소년을 위한 학교를 건립하고 교육환경 개선에 필요한 자재를 후원하고 있다. 또 신체가 불편한 어린이나 청소년들에게 수술비를 지원하고 미얀마 스님들의 생활용품을 제공하며 한국의 가출 청소년들을 위한 학교에 수리비를 지원하기도 했다.

스님의 회계사 줄(Jules)은 70대의 멋진 신사로 유대교인이다.

그동안 기독교, 이슬람교, 유대교에 대한 기본적인 상식만 있었지 '유대교인'을 직접 만나기는 처음이었다. 그들은 어떻게 종교생활을 할까? 이런저런 이야기 끝에 "인생이 무엇이라고 생각하느냐."고 물었더니 "아침에 동쪽에서 해가 뜨고 서쪽으로 지는 것과 같다."고 한다. 선사의 답변처럼 간결하다. "어떻게 수행하느냐?"고 물었다. 자신의 수행은 하루하루 삶에 충실하고 주변 사람들에게 잘 하는 것이라고 한다. 도대체 신도들에게 무엇을 가르치기에 저런 대답이 나올수 있을까?

내가 유대교에 관심을 가지니 무진스님이 비버리 힐즈에 있는 유대교 사원으로 안내해 주었다. 랍비의 가르침인 〈탈무드〉를 읽을 때의 감동을 기억하고 들어선 유대교 사원 내부는 너무도 간소했고 토론하는 형태로 의자가 놓여 있다. 마침 경전공부 시간이 있다고 해서 참여하는 것을 허락받았다.

수요 경전반 모임은 유대교 경전인 〈토라(Torah)〉 구절을 읽고 나서 토론하고 후에 랍비가 설명해 준다. 그런데 놀랍게도 랍비(rabbi)가 여성이었다. 그녀는 강하면서도 지혜로워 보였다. 그녀가 간략히 나를 소개하고, 나에게 자신을 소개할 시간을 주었다. 그리고 참가한 구성원이 각자의 소개를 하게 했다. 소개라는 것은 어색한 분위기를 없애 주는 묘한 기능이 있다.

오늘의 주제는 '왜 이방인을 억압하지 말아야 하는가'에 대한 토론이었다. 유대인이기에 겪어야 했던 불평등과 어려움에 대해 각자 경험을 이야기했다. 진지한 토론을 통해 경전의 내용을 생활 속에 실천하고자 하는 의지가 보였다. 이들은 억압에 대한 보복보다는 관용과 수용으로 이웃 사랑을 실천함으로써 미국의 민주화에 크게 공헌한 것으로 알려져 있다.

전 세계에 분포한 유대인은 세계 인구의 0.2%인 1,700만여 명이다. 하지만 금세기 최고의 과학자 아인슈타인을 비롯해 세계적 금융인 조지 소로스, 영화감독 우디 앨런과 스티븐 스필버그, 세계 경제대통령 앨런 그린스펀 등의 인물들을 배출했다. 또한 미국의 명문 아이비리그 대학교에 유대인 학생이 30%이며 역대 노벨상 수상자의 23%, 미국 억만장자의 40%를 차지하는 민족이다. 짧은 만남이지만 이들은 항상 진지하게 질문하고 탐구하고 토론했다. 이런 토론문화야말로 0.2%에 불과한 유대인이 전 세계 자본의 중심에 서게 된 비결이 아닐까? 부처님께서도 승가는 언제든지 법에 대해 토론하라고 하셨다. 앞으로 한국불교가 건강하고 힘 있는 불교로 거듭나기 위해서 꼭 필요한 대목이다.

UCLA 버스웰 교수와
무진스님

오늘도 이른 아침부터 일정을 서두르는 무진스님은 참 특이한
분이다. 영국인 아버지와 캐나다인 어머니 사이에서 태어난 스
님은 스위스 제네바 대학의 심리학자 피아제를 지도교수로 심
리학 학사, 교육학 석사학위를 받았다. 특히 어린이 발달심리를
전공해 인성교육에 탁월한 지견을 가지고 있다.

무진스님은 10대 때 우연히 파티에서 만난 인도의 요가 수행
자 수피에게 영향을 받아 마음수행에 관심을 갖게 되었다고 한
다. 졸업 후 싱가포르에서 아이들을 가르치면서 사찰에서 불교
공부를 시작하게 되었다. 점차 집중수행의 필요성을 느껴 출가
를 결심하고 스리랑카로 가서 사미니계를 받았다.

얼마 후 운명같은 인연으로 당시 스리랑카에서 유학 중이던,
지금은 입적하신 원명스님을 만난다. 국제포교에 큰 뜻을 두셨
던 원명스님은 무진스님이야말로 한국불교의 세계화에 꼭 필

요한 분이라 판단, 한국으로 초청해 언양 석남사에서 수행을 시작하게 하고 비구니계를 받도록 도왔다.

그 후 두 분 스님은 1987년 종로구 소격동에 연등국제불교회관을 함께 건립해 많은 사람들에게 불교영어 강의를 시작했다. 이때부터 연등회관은 한국인은 물론 세계 곳곳에서 온 외국인들에게 한국불교와 문화를 소개하는 주요한 창구 역할을 하게 된다. 현재의 조계종 국제포교사 또한 그때 두 분 스님이 미래의 한국불교 세계화를 위해 준비한 코스였다. 그렇게 한국불교의 세계화에 노력해 온 무진스님이다.

무진스님과 나의 인연도 참으로 묘하다. 스님은 최초로 나에게 출가를 권한 사람이다. 학교 졸업 후 평범하게 세상의 명예와 성취를 꿈꾸고 있던 나에게 출가 권유는 세계관을 송두리째 흔들어 놓는 충격이었다. 여전히 출가를 망설이던 나를 해인사 부근의 비구니 암자를 비롯해 나의 출가 사찰이 된 은해사 백흥암으로 인도하신 분도 무진스님이다.

이번에도 직접 차를 대여해 LA 공항에 도착한 나를 데리고 이곳저곳을 보여주고 경험하게 해주셨다. 스님의 표현에 의하면 나를 '업그레이드시키기 위해서'라는데 참으로 감사한 일이다.

오늘은 스님과 함께 캘리포니아주립대학으로 향했다. 세계적인 불교학자 로버트 버스웰 교수를 만나기 위해서다. 그는

오랫동안 중국과 일본의 아류로 인식되어온 한국불교를 세계
불교학의 중심으로 이끌어낸 공로로 제12회 만해대상을 받은
바 있다.

커다란 나무들과 고풍스러운 건물들이 캠퍼스를 가득 채운
UCLA 대학은 웅장하고 아름다웠다. 교수님을 찾아 캠퍼스를
가로질러 가는 동안 두 명의 한국 학생을 만났다. 연세대학교에
서 석사를 마치고 박사과정을 밟기 위해 왔다고 한다. 반가운
마음에 종교를 물어보니 둘 다 기독교인이란다. 이곳 미국에서
만나는 한국 사람들은 거의 다 기독교인이다.

약속 시간이 되어 버스웰 교수의 연구실로 갔다. 교수님은
반가운 미소로 우리를 맞아주었다. 그는 한때 송광사에서 구산
스님 상좌로 출가했다. 이후 미국에 돌아와서도 7년 동안 수행
자의 삶을 살다가 스스로를 돌보기 위해 결국 재가자의 길로
돌아왔다. 지금은 UCLA 대학교의 석좌교수로 재직하며 강의
를 하고 있다.

버스웰 교수는 한국말이 아주 유창하다. 한국불교의 장단점
이 무엇이라고 생각하는지 물었다. 그는 고요히 수행할 수 있는
수행센터가 많다는 점과 수행과 교학의 연구가 균형을 잘 이루
고 있다는 점을 한국불교의 장점으로 꼽았다. 반면, 한국불교를
현대인에게 합리적으로 설명하고 접근시키는 데 한계를 가지

고 있는 것이 단점이라고 했다.

미국인으로 한국에서 출가했던 버스웰 교수, 영국인으로 출가해서 지금까지 한국불교의 수행자로 묵묵히 활동하고 있는 무진스님, 나는 두 분처럼 부처님법이 좋아 한국에서 출가한 푸른 눈의 외국인 출가자들과 한국의 승가가 함께 할 수 있는 일이 없을까 곰곰이 생각해 본다. 현실과는 너무 먼 이야기일까? 그들이 한국불교와 긴밀히 교류하고 또 본국에 돌아가서 수행과 포교를 잘 할 수 있도록 관심 갖고 지원하는 일이 참으로 중요하다는 생각이 드는 하루였다.

힌두교 여성 수행자를
만나다

오늘은 유도(Yudo)와 조타이(Jotai) 그리고 무진스님과 함께 아침 식사를 하러 나갔다. 특별히 유도가 아침공양을 내기로 했기 때문이다. 이른 아침이지만 시내 곳곳에 식당이 열려 있다.

하얀 커튼이 드리워진 레스토랑에 들어서니 점원이 밝은 미소로 인사를 건넨다. 자리를 잡고 주변을 둘러보고는 내심 놀랐다. 벽에 여러 가지 그림들이 걸려 있는데 대부분 불교적인 것이다. 부처님 두상만 있는 사진, 보살 두상만 있는 그림, 달라이 라마 사진 등이 있는데 왠지 낯설다. 우리에게는 경배의 대상인 사진들이 대중 음식점 벽에 걸려 있다니 이것이 미국불교인가? 그들에게 붓다란 경배의 대상이 아니라 삶 속에서 만나는 친구와 같은 존재인 걸까? 미국에서 단주를 차고 있는 사람들이 다 불자라고 생각하면 오산이다. 주로 사회 지식층들이 불교수행을 하다보니 단주를 유행처럼 따라하는 경우가 많다고 한다.

한나절이 지나 힌두교 베단타협회로 출발했다. 무진스님 말에 의하면 힌두교 여성 수행자들이 살고 있는 곳이다. 힌두교에도 여성 수행자가 있다니 놀랍다. '그들은 어떤 모습을 하고 어떤 수행을 할까?' 우리는 영국인으로 힌두 수행자가 되어 헤드사두(한국 사찰의 주지에 해당)가 된 스와미 사라데쉬라나(Soami Saradeshaprana)를 만날 예정이다. 지난번 무진스님이 한 번 방문한 적이 있는데 이번에 나를 데리고 간 것이다.

베단타협회는 헐리우드 언덕을 구불구불 올라가 경관이 아름다운 곳에 위치해 있다. 초인종을 누르니 커다란 문이 열리고 스와미가 나온다. 위아래 분홍색 옷을 입고 두건을 쓰고 있다. 원래는 분홍사리가 전통복장인데 서양 사회에 맞게 분홍색 색깔의 옷을 만들거나 구입해서 입는다고 한다.

협회 내부는 마치 왕실의 궁전처럼 생겼다. 스와미는 우리를 대접하기 위해 케이크를 만들었고 쿠키도 직접 구웠다. 최고로 좋은 쿠션 의자에 앉기를 권하고, 차와 샌드위치를 준비해 주고는 힌두교 젊은 수행자들이 우리와 같이 앉아서 이야기하게 배려한다. 손님에 대한 정성과 겸손함이 그 종교를 평가하는 또하나의 기준이 된다는 것을 알게 된 시간이었다.

스와미의 행동에서 그녀가 젊은 수행자들을 얼마나 아끼는지도 느낄 수 있었다. 지도자의 겸허한 모습을 보면 그 단체에 대한 신뢰가 생긴다. 우리는 종교 지도자가 갖추어야 할 소양에 대해서도 이야기 나누었는데 개인주의 성향이 강한 미국에서는 맞지 않는 부분이 있어 어려움이 있다고 한다.

찻자리에 함께한 여성 힌두교 수행자들의 눈빛이 맑고 예쁘다. 그들은 무진스님과 나의 한국 승복이 아름답다고 부러워한다. 다음 생에 태어나도 힌두교 수행자가 되겠다는 그들의 말을 들으며 어느 종교든 수행자의 마음은 다 같다는 생각이 들었다. 우리에게 저녁 예경에 참석하기를 권해서 중앙홀로 갔다. 은은한 불빛 아래 10명의 사람들이 모여 예경을 하고 있다. 정원이 아름다운 힌두 사원에서 모시는 저녁예경은 무척이나 경건하게 느껴졌다.

예경을 마치고 나오면서 협회 서점에 들러 몇 권의 책을 샀다. 뜻밖에 불교서적도 많이 보인다. 힌두교는 석가모니를 그들이 모시는 신의 하나로 받아들이고 있다. 이 세상의 모든 종교는 각자 그들의 가르침이 최고라고 믿는다. 그럼에도 불구하고 내 종교만이 옳다는 편협한 생각을 버리고 인류의 평화와 행복이 모든 종교의 존재 이유임을 알아야 할 것이다.

스리랑카 사찰,
다르마비자야

LA 반야사 주지스님의 도움으로 크렌쇼 거리의 스리랑카 사원 다르마비자야(Dharma Vijaya)로 향했다. 입구의 하얀 파고다와 부처님 좌상이 반갑다. 스리랑카에서 유학하며 만났던 아름다운 추억 때문인지 스리랑카라는 말만 들어도 마음이 따뜻해진다.

주지스님인 피야난다스님을 만나서 "헬로우, 함두루!(안녕하세요, 스님!)"하니까 어떻게 스리랑카 말을 아느냐고 놀란다. 스님은 부드러운 미소로 반갑게 맞아주셨다. 그런데 마침 상담 중이니 조금 기다려 달라고 양해를 구하신다. 호기심에 살짝 보았더니 젊은 미국인 여성 2명이 스님께 합장하고 긴 실을 잡으며 축복의 염불을 받는다.

주지스님의 차 대접을 받으며 대화를 나누었다. 먼저 현지 미국인들을 위한 수행 프로그램에 대해 알고 싶었다. 스리랑카 사원에서는 매주 화요일과 금요일 명상을 하는데 주로 자애명상

(Metta Meditation)과 입출식명상(Anapana sati)을 지도하고 있으며 참가비는 자율보시다. 사찰 운영비의 대부분은 스리랑카 교민들에 의해 유지되고 있다.

주지 피야난다스님은 1976년 시카고의 노스웨스턴 대학교 (North Western University)에서 기독교, 불교, 가톨릭에 대한 비교종교학을 연구하고 석사학위를 받았다. 1979년에 로스앤젤레스로 오면서 UCLA대학에서 박사과정을 밟고 이때 현재의 절을 창건하게 되었다. 스님이 사찰을 만들자마자 한 일은 스리랑카에서 많은 젊은 스님을 데리고 온 것이다. 스님은 그들이 영어를 익힐 수 있도록 어학원과 대학에 보냈고 그 후 이들과 힘을 합쳐 미국 전역에 36개의 스리랑카 사찰을 짓게 되었다고 한다. 대단한 포교원력이다.

현재는 스리랑카에서 진행하는 모든 불교 행사를 미국에서도 똑같이 진행하고 있다. 특히 중요하게 챙기는 활동은 어린들을 위한 '일요 학교(Sunday School)'다. 70명 가량의 어린이가 매주 일요일마다 절에 와서 스리랑카 말과 불교를 배우고 있으며 일반법회에는 100여 명의 불자들이 참가한다. 이곳에서 불자가 되는 과정은 3단계로 이루어진다. 먼저 우바새, 우바이계인 5계를 받는다. 다음으로 5계를 받은 지 3년 후에 9계를 받고 지도자가 된다. 10년 후에 Bodhi chari가 되고 Buddhist Minister

가 된다.

마지막으로 한국불교의 세계화에 대한 조언을 부탁드렸다. 첫째로 현지 언어 습득을 통한 문화 이해와 문화교류를 통한 활동을 늘려야 한다는 것이다. 부처님께서도 어디를 가든지 그 나라의 언어로 말해야 한다고 하셨다. 스리랑카 스님은 미국에 오면 영어부터 배우는데 한국 스님들은 그렇지가 않다고 한다. 또 스리랑카, 태국, 미얀마 사람들은 미국에 오면 종교가 다른 사람들도 불자가 되는데 한국 사람들은 불자들도 미국에 오면 기독교인이 된다고 일침을 놓는다. 둘째로는 어린이와 젊은 불자들에 대한 관심과 프로그램이 준비되어 있어야 하고 셋째로는 의식의 간소화다. 의식을 간단히 하여 1시간 정도에 끝내야 하며 영어와 한국어를 동시에 쓸 수 있도록 해야 한다고 강조했다. 스님의 오랜 포교 경험을 들으며 부러운 점이 많았다. 특히 본국에서 젊은 스님들을 데려와 교육 시키고 포교 동력을 만들어 곳곳에 포교의 전당을 열었다는 사실은 우리가 본받아야 할 대목이다.

틱낫한스님의
사슴동산

젠센터의 카라 도움으로 틱낫한스님의 수행센터가 샌디에이고 근처에 있다는 것을 알게 되었다. 인터뷰와 숙소 예약과 관련된 사항은 크리스가 맡았다. 크리스는 서른다섯 살의 청년으로 내가 LA에 머무는 동안 나의 미국불교 연구를 돕겠다고 자원했다. 참으로 고마운 일이다. 불교를 만난 지 5년이 되었다는 그는 늘 수행에 관해 궁금한 것이 많았다.

LA에서 3시간 넘게 걸려서 도착한 사슴동산 사원(Deer Park Monastry)은 놀라움 그 자체였다. 지금까지 보아온 사원들처럼 건물을 사찰로 만든 것이 아니라 눈에 보이는 산 전체가 사원이다. 커다란 나무들 사이로 다람쥐들이 신나게 뛰어노는 그런 곳이다. 이곳을 건립한 분은 틱낫한스님이다. 스님은 100여 권이 넘는 책을 저술하였고 영상 법문 또한 널리 알려져 있다. 나는 스님이 이렇게 세계적인 지도자가 된 배경이 늘 궁금했다.

1926년 베트남에서 태어나 16세에 출가한 틱낫한스님은 남베트남이 패망할 때 반전활동으로 인해 베트남 입국이 금지되어 프랑스에 망명해 있던 상태였다. 또한 1960년 미국의 프린스턴 대학에서 비교종교학을 공부하고 후에 코넬과 콜롬비아 대학에서 강의를 시작했다. 영어와 프랑스어에 능통했던 스님은 이후 프랑스 플럼빌리지를 중심으로 수행지도를 시작하여 세계 곳곳에 수행센터를 만들었다.

이곳 미국 센터 또한 프랑스의 플럼빌리지에서부터 시작되었다. 수행에 참가한 미국인들이 적당한 장소를 찾아 추천한 곳이다. 눈에 보이는 모든 산이 센터 소유라고 한다. 2000년도에 프랑스 플럼빌리지에서 5명의 비구니스님과 4명의 비구스님을 이곳으로 보냈다. 프랑스센터는 모든 센터의 중심으로 스님들을 교육시켜 세계 각국으로 보낸다. 그래서 세계 어느 곳을 가든지 같은 구조와 시스템으로 사람들을 지도한다.

센터의 주된 수행은 계, 정, 혜이다. 계는 마음집중을 통해 수행하도록 지도한다. 정은 모든 것을 멈춤으로써 수행하게 하고, 혜는 멈춤 이후 내면의 지혜를 살피게 지도한다. 수행자들은 누구나 이곳에서 규칙적으로 종소리를 들을 수 있다. 종소리가 나면 어느 곳에서든지, 무엇을 하고 있든지 멈추고 자신의 호흡으로 돌아간다. 그리고 바깥으로 향하던 마음을 안으로 향하게 한다. 내가 숨쉬고 살아있음을 보는 것이다. 그래서 이곳은 마음고요 집중수행센터(mindfulness practice center)로 불린다.

수행센터의 스님들이 8년에서 10년을 수행하면 법사가 된다. 한국처럼 승가대학이 있는 것은 아니지만 선배가 후배를 지도하는 형태로 진행된다. 지금도 기억나는 광경은 선배 스님이 후배 스님들에게 염불을 가르치는 모습이다. 나무 그늘 아래 둘러앉아 아름다운 운율을 만들던 해맑은 얼굴들은 내 가슴 속에 지금도 청량한 바람으로 남아 있다.

프랑스의 플럼빌리지는 1966년 생긴 이후 700명 이상의 비구와 비구니를 배출했으며 이러한 결실이 전 세계로 확장하는 데 큰 원동력이 되었다고 한다. 현재 프랑스에는 200명의 스님이 있다. 프랑스센터가 건립된 이후 뉴욕, 캘리포니아, 미시시피 순으로 건립되었으며 전 세계적으로 모두 9개의 센터가 있다.

이곳 사슴동산센터는 태양에너지를 쓴다. 산꼭대기에 큰 물탱크를 설치하여 수행하는 인원수가 많아도 물 걱정이 없다. 스님들은 매달 일정 금액을 생활비로 받고 있고, 아플 경우에는 수행센터와 연관된 의사와 간호사가 와서 치료해 준다. 모든 의료에 대한 책임은 사원이 맡는다. 그들의 삶은 철저히 수행공동체다. 아침에 함께 차를 마시면서 삶을 어떻게 받아들이고 어떻게 살아야 하는지 대화로 답을 찾는다. 이곳에서 일방적인 주장은 없다. 주지스님 또한 권위와 결정을 대표하는 존재가 아닌 대중을 돌보는 역할이다.

플럼빌리지 스님들에게 있어서 화두는 '어떻게 낮은 자세로 대중과 함께 호흡할 것인가'라는 생각이 든다. 흰 마가렛 꽃향기가 가득한 사슴동산의 밤은 세계 각지에서 온 수행자들의 이야기꽃으로 깊어만 갔다.

에
필
로
그

밖에서 한바탕 신나게 놀다 집에 돌아온 아이처럼 날마다 화엄
의 너른 품에 안겨 안식을 취한다.

　잠깐 숨을 고르고 한 자 한 자 화엄경의 말씀을 써 내려가며
깊은 고요 속으로 들어간다.

　모든 것들이 꿈속의 일이라지만 이왕이면 멋지고 아름다운
꿈이면 좋겠다.

　모든 존재들이 행복하기를 바라는 마음 하나로 출가한 이후
오늘까지 쉼없이 달려왔다. 그 마음속에 부처님이 출현하심을
믿기에 어디든 찾아가 보현행을 실천하고자 노력해 왔지만 모
자라고 또 모자란 수행의 길이었다.

진정한 보현행이란 어떤 것일까. 다시금 부처님의 마음을 제대로 알고 부처님의 지혜와 자비로 흔들리지 않는 심지를 갖추고자 화엄경을 펼쳤다. 애초 8년을 기약하고 시작한 한글 80화엄경 사경과 강독이 어느덧 3년 문턱에 들어서니 너와 내가 둘이 아니며 모두가 부처님의 광명 속에 실재하고 있음을 느끼게 되고 환희심이 넘친다.

내가 꿈꾸는 세상은 어떤 세상인가?

누구나 부처님 품에서 태어나 부처님 품으로 돌아갈 수 있는 세상, 출가수행자들의 원력이 꽃 피는 세상, 아이들이 행복하게 웃는 세상… 그런 세상을 만들기 위해 살아왔고 앞으로도 살아갈 것이다.

더불어 이 책이 나처럼 행복한 공동체를 꿈꾸며 전법의 길에 들어선 스님들에게 따뜻한 친구가 되기를 바라본다.

2023년 부처님 오신 기쁜 날에

너의 손을 놓지 않을게

1판 2쇄 인쇄 | 2023년 6월 15일
1판 1쇄 발행 | 2023년 5월 24일

지은이 | 자 우

펴낸이 | 이미현
펴낸곳 | 사유수출판사
만든이 | 이미현, 박숙경, 유진희

서울시 마포구 동교로 19길 86 제네시스 503호
대표전화 | 02-336-8910

등록 | 2007년 3월 4일